공인노무사

YES THE
노동법 판례

공인노무사 김에스더 편저

Labor Law

Precedent

고시계사

Contents

Contents

제2편   집단적 노사관계법

Contents

근로기준법 일반

001. 상시근로자수의 산정

A사는 근로자 甲에게 2000.11.30. 구두로 해고통보를 하였다. 이에 甲은 A사의 해고통보는 서면 통지 없는 부당해고라 주장하며 관할 지방노동위원회에 부당해고 구제신청을 제기하였다. A사의 근로자 수는 2001년 11월에 7명으로 근로자 중 4명은 월급제로 급여를 받는 상용근로자이고 나머지 3명은 일당을 받는 일용근로자인데 일용근로자들의 11월 한 달 근로일수는 총 54일에 이르러 이를 30일로 나누어 보면 1일 평균 1.8명의 일용근로자가 일한 것이 되고, 이를 상용근로자와 합하면 매일 5.8명의 근로자가 일한 셈이 된다. A사는 일용근로자는 상시 근로자수에 포함되지 않는다고 주장한다. A사의 주장은 타당한가?

[대법원 1995. 3. 14. 선고 93다42238 판결]

1. '사업 또는 사업장'의 의미

근로기준법의 적용범위를 법 제11조 소정의 "상시 5인 이상의 근로자를 사용하는 사업 또는 사업장"이라 함은 "상시 근무하는 근로자의 수가 5인 이상인 사업 또는 사업장"을 뜻하는 것이 아니라 **"사용하는 근로자의 수가 상시 5인 이상인 사업 또는 사업장"을 뜻하는 것임이 법문상 명백**하고,

2. '상시'의 의미

그 경우 **'상시'라 함은 상태라고 하는 의미**로 해석하여야 할 것이므로 **근로자의 수가 때때로 5인 미만이 되는 경우가 있어도 상태적으로 보아 5인 이상이 되는 경우에는 이에 해당한다 할 것이며,** 이 경우 근로자라고 함은 **당해 사업장에 계속 근무하는 근로자뿐만 아니라 그때 그때의 필요에 의하여 사용하는 일용근로자를 포함한다**고 해석하여야 한다.

A교회로 부터 1990.3.25. 징계해고를 당한 甲은 위 해고가 부당해고라는 이유로 관할 지방노동위원회에 구제신청을 하여 구제명령을 받았으나 A교회는 이에 불복하여 재심청구를 하였고, 중앙노동위원회 위원장은 동 년 9.13. A교회는 근로기준법 적용대상인 사업 또는 사업장이 아니라는 이유로 위 지방노동위원회의 판정을 취소하고 甲의 구제신청을 각하한 판정을 내렸다. 甲은 중노위 재심판정의 취소를 구하는 소를 제기하며 A교회는 근로기준법 제11조 소정의 사업 또는 사업장에 해당한다고 주장한다. 한편 A교회에 상시 고용된 근로자는 청소 및 비품관리 등의 업무를 담당하는 사찰집사 1명, 일반서무 등을 담당하는 사무원 1명, 버스운전기사 1명 이외에도 甲을 포함하여 A교회 산하의 유치원(선교원)에서 유아교육을 담당하는 유치원 교사 4명 또한 A교회에 근로를 제공하고 그 대가로 임금을 수령하고 있다. A교회는 근로기준법의 적용 대상 사업장에 해당하는가?

[대법원 1992. 2. 14. 선고 91누8098 판결] - 종교사업체의 해당 여부

근로기준법의 적용범위를 규정한 **근로기준법 제11조 소정의 사업 또는 사업장이나 근로자를 정의한 동법 제2조 제1항 제1호 소정의 직업은 그 종류를 한정하고 있지 아니하므로 종교사업도 위 각 조문의 사업이나 사업장 또는 직업에 해당된다** 할 것이다.

[대법원 1994. 10. 25. 선고 94다21979 판결] - 1회적 사업에의 적용 여부

근로기준법의 적용대상사업인지의 여부는 상시 5인 이상의 근로자를 사용하는지에 달려 있으므로 **상시 5인 이상의 근로자를 사용하는 사업이라면 그 사업이 1회적이거나, 그 사업기간이 일시적이라 하여 근로기준법의 적용대상이 아니라 할 수 없다.**

甲은 1991년 A학원과 "강의용역계약"을 체결하고 A학원의 종합반 강사로서 수강생을 대상으로 강의해 왔고, 학급 담임을 맡아 왔다. 甲은 아침 9시부터 저녁 7시까지 이어지는 10교시의 강의시간 중 하루에 4~5교시, 1개월에 100시간~110시간의 강의를 하고 월 300만 원 정도의 강사료를 받았다. A학원의 일과는 대략 08:30에 열리는 교직원 조례부터 시작되는데, 학급 담임을 맡은 강사는 08:00까지 학원에 나와 수강생들의 아침 자습과 방송 수업을 감독하다 08:30 교직원 조례에 참석하고 순번을 정하여 한 달에 몇 차례 수강생들의 저녁 자습을 감독한 후 퇴근하였다. 담임을 맡은 강사들의 경우, 자신들이 맡은 강의 외에 단순 사무와 행정적인 일 등 그때그때 학원측에서 필요하다고 인정하여 담임 강사들에게 맡긴 업무를 처리하였고, 이와 같은 담임 업무 수행에 대한 대가로 월 30만 원의 담임 수당을 지급받았다. 甲은 강의가 없는 자유시간에는 대부분 다음 강의에 대비한 휴식이나 교재 연구 등에 시간을 쓰게 되므로 학원을 떠나 다른 곳에 강의를 나간다는 것은 사실상 불가능하였고, A학원에서 강의할 교재는, 강사들이 복수의 교재를 학원측에 추천하면 학원측이 그 중 하나를 선택하여 사용하도록 하였다.

A학원은 강사들에게 부가가치세법상 사업자등록을 하게 하고 지역의료보험에 가입하게 하였으며, 강사들의 보수에 대하여 사업소득세를 원천징수하였다. 또한 강사들은 일반 직원들에게 적용되는 취업규칙·복무(인사)규정·징계 규정 등의 적용을 받지 않았고 보수에 고정급이 정해져 있지 않았다. 한편 A학원은 2002년 2월 甲과 용역계약을 해지하였고 이에 甲은 퇴직금과 해고예고수당 청구의 소를 제기하였다. 甲은 근로기준법상 근로자에 해당하는가?

[대법원 2008. 9. 25. 선고 2006도7660 판결]

---

1. 실질주의 판단기준

근로기준법상의 근로자에 해당하는지 여부는 **계약의 형식이 고용계약인지 도급계약인지보다 그 실질에 있어 근로자가 사업 또는 사업장에 임금을 목적으로 종속적인 관계에서 사용자에게 근로를 제공하였는지 여부에 따라 판단하여야 하고,**

2. 사용종속관계 판단요소

여기에서 종속적인 관계가 있는지 여부는 ① **업무 내용**을 사용자가 정하고 ② **취업규칙** 또는 복무(인사)규정 등의 적용을 받으며 ③ 업무 수행 과정에서 사용자가 **상당한 지휘·감독을 하는지,** ④ 사용자가 **근무시간과 근무장소를 지정**하고 근로자가 이에 구속을 받는지, ⑤ 노무제공자가 스스로 **비품·원자재나 작업도구 등을 소유**하거나 ⑥ 제3자를 고용하여 업무를 대행케 하는 등 **독**

립하여 자신의 계산으로 사업을 영위할 수 있는지, ⑦ 노무 제공을 통한 **이윤의 창출과 손실의 초래 등 위험을 스스로 안고 있는지**, ⑧ **보수의 성격이 근로 자체의 대상적 성격**인지, ⑨ **기본 급이나 고정급**이 정하여졌는지 및 ⑩ **근로소득세의 원천징수 여부** 등 보수에 관한 사항, ⑪ **사 회보장제도에 관한 법령에서 근로자로서 지위**를 인정받는지, ⑫ **근로 제공 관계의 계속성**과 ⑬ **사용자에 대한 전속성**의 유무와 그 정도 등의 **경제적·사회적 여러 조건을 종합하여 판단하 여야 한다.**

다만, ⑨ **기본급이나 고정급이 정하여졌는지**, ⑩ **근로소득세를 원천징수하였는지**, ⑪ **사회 보장제도에 관하여 근로자로 인정받는지** 등의 사정은 사용자가 경제적으로 우월한 지위를 이용하여 임의로 정할 여지가 크기 때문에, 그러한 점들이 인정되지 않는다는 것만으로 근로 자성을 쉽게 부정하여서는 안 된다.

004. 임원의 근로자성

甲은 1989. 12. 1. A사의 비등기임원인 재무담당 상무이사로 입사하여 자금관리를 담당하다가 1995. 2. 28. 주주총회의 의결을 거친 등기임원인 이사가 되었고 1998. 5. 9. 퇴직하였다. A사의 정관과 '임원처우에 관한 규정'은 ① 직위상 회장, 부회장, 사장, 부사장, 전무이사, 상무이사, 이사, 이사대우 및 감사로 상근인 자를 임원으로 하고, ② 효과적인 업무추진을 위하여 임원의 담당업무를 분장할 수 있고, ③ 등기임원에 한하여 그 임기를 3년으로 제한하면서 이사회의 구성원으로서 회사업무의 중요사항 결의에 참여할 권한을 부여하고 있으나, 비등기임원의 업무권한에 관하여는 아무런 규정을 두지 않았으며, ④ 등기임원과 비등기임원은 그 보수와 퇴직금 지급에 있어 동등한 대우를 받는다.

甲은 비등기임원 당시 업무집행권을 갖지 않았고 정액의 급여와 상여금을 지급받았으나, 등기임원으로 활동할 당시에는 위임받은 사무를 직접 처리하기도 하였고 그 이외에 대표이사가 지시하는 업무를 처리하기도 하였다. 등기임원 당시에도 정액의 급여와 상여금을 지급받았다. 甲은 퇴사와 동시에 자신이 근로기준법상 근로자에 해당한다고 주장하며 퇴직금 청구의 소를 제기하였다. 甲은 근로기준법상 근로자에 해당하는가?

[대법원 2003. 9. 26. 선고 2002다64681 판결]

임원은 상법상 ① 주주총회의 선임 결의와 ② 등기를 해야 하며, 회사로부터 일정한 사무처리의 위임을 받고 있는 것으로 **원칙적으로 근기법상의 근로자가 아니다**. 그러므로 일정한 보수를 받는 경우에도 이를 근로기준법 소정의 임금이라 할 수 없고 이는 직무집행에 대한 대가로 지급되는 보수에 불과하다.

1. 근로자로 인정되는 경우

임원이 근로기준법상의 근로자에 해당하는지 여부는 계약의 형식에 관계없이 <u>그 실질에 있어 임금을 목적으로 "종속적인 관계"에서 사용자에게 근로를 제공하였는지에 따라 판단</u>하여야 한다.

회사의 이사 또는 감사 등 임원이라고 하더라도 ① <u>그 지위 또는 명칭이 형식적·명목적인 것이고 실제로는 매일 출근하여 업무집행권을 갖는 대표이사나 사용자의 지휘·감독 아래 일정한 근로를 제공하면서 그 대가로 보수를 받는 관계에 있다거나 또는 ② 회사로부터 위임받은 사무를 처리하는 외에 대표이사 등의 지휘·감독 아래 일정한 노무를 담당하고 그 대가로 일정한 보수를 지급받아 왔다면</u> 그러한 임원은 근로기준법상의 근로자에 해당한다. 여기서 등기여부와 같이 상법상 임원에 해당하는지의 사정은 형식에 불과한 것으로 상법상 임원이 아니라 할지라도 종속관계 해당여부로 근로자성을 판단해야 할 것이다(대법원 2005. 5. 27. 선고 2005두524 판결).

2. 근로자로 인정되지 않는 경우

(1) 기본적 판단기준

최근 대법원에 따르면 **회사의 임원이 담당하고 있는 업무 전체의 성격이나 업무수행의 실질이 사용자의 지휘·감독을 받으면서 일정한 근로를 제공하는 것에 그치지 아니하는 것이라면**, 그 임원은 위임받은 사무를 처리하는 지위에 있다고 할 수 있으므로, **근로기준법상 근로자에 해당한다고 보기는 어렵다.**

(2) 대규모회사 임원의 위임관계 참작요소

위임받은 사무를 처리하는지 여부는 특히 **대규모 회사의 임원**이 **전문적인 분야에 속한 업무**의 경영을 위하여 ① **특별히 임용(임용경위)**되어 ② 해당 업무를 **총괄하여 책임을 지고 독립적으로 운영**하면서 회사 경영을 위한 ③ **의사결정에 참여**하여 왔고 ④ 일반 직원과 **차별화된 처우**를 받은 사정이 있는지를 참작하여 판단하여야 한다(대법원 2017. 11. 9. 선고 2012다10959 판결).

D의료법인 산하에는 각 병원들이 있고, 그 각 병원들의 운영을 대체로 당해 병원장이 관장하기는 하나, 甲은 D의료원 의료원장으로서 의료원을 대표하며 의료원 산하 각 병원 및 기관의 운영 전반을 관장하고 소속 교·직원을 지휘·감독하며, 자금관리 등의 업무를 담당하면서 각 병원의 자금 운영난을 해소하기 위한 조치를 취하는 역할도 담당하고 있다. 실제로 2005. 6.경 D의료법인 소속 경주한방병원에 대하여 인건비를 지원하기 위하여 경주병원으로부터 자금을 차용하도록 병원 간 본·지점 거래의 시행을 승인하기도 한 사실도 있다. 그러나 각 병원 소속 근로자들의 급여는 해당 병원장이 그 전결사항으로 임금을 지급하여 왔다. 甲은 근로기준법상 사용자에 해당하는가?

[대법원 2008. 4. 10. 선고 2007도1199 판결]

---

1. 근로기준법상 사용자규정의 취지

근로기준법이 같은 법 각 조항에 대한 준수의무자로서의 **사용자를** 사업주에 한정하지 아니하고 사업경영담당자 등으로 **확대한 이유가 노동현장에 있어서 근로기준법의 각 조항에 대한 실효성을 확보하기 위한 정책적 배려**에 있다 할 것이다.

2. 사업경영담당자의 의의

근로기준법 제2조 제1항 제2호의 '사업경영담당자'란 **사업경영 일반에 관하여 책임을 지는 자**로서 **사업주로부터 사업경영의 전부 또는 일부에 대하여 포괄적인 위임을 받고 대외적으로 사업을 대표하거나 대리하는 자를 말하는바,**

3. 사업경영담당자의 판단기준

사업경영담당자란 **원칙적으로 사업경영 일반에 관하여 권한을 가지고 책임을 부담하는 자로서 관계 법규에 의하여 제도적으로 근로기준법의 각 조항을 이행할 권한과 책임이 부여되었다면 이에 해당한다.**

대학교 의료원장은 의료원을 대표하며 의료원 산하 각 병원 및 기관의 운영 전반을 관장하고, 의료원은 의료원 산하 각 병원의 연간 종합 예산 등의 편성·조정·통제, 각 병원별 자금운용수지 현황 관리 등의 업무를 담당해 온 사안에서, 의료원 산하 각 병원이 **독립채산제로 운영되고 해당 병원장이 그 전결사항으로 소속 근로자들에 대한 임금을 지급하여 왔다 하더라도, 의료원장은 의료원 산하 병원 등 소속 근로자들에 대한 관계에 있어서 근로기준법상 사용자에 해당**한다.

근로계약

006. 묵시적 근로계약관계

　A사(현대미포조선)의 사내 하청기업인 B기업(용인기업)은 약 25년간 오직 A사의 사내 하도급업무(선박수리)만을 수행했고, A사가 제공한 사무실에서 사무를 처리했으며, 독자적인 장비나 사업경영상 독립적인 물적 시설도 갖춘 바 없다. 또한 A사는 B사 소속 근로자의 채용·승진·징계에 관여했고, B사 소속 근로자들의 출퇴근 등을 점검했으며, 수행 작업량과 작업 방법 등을 결정하여 B사 근로자들을 직·간접적으로 지휘하였다. B사의 작업량 단가는 A사의 노동조합과 A사 간에 체결된 임금협약 결과에 따라 결정되었고, B사의 작업물량이 없을 때에는 교육, 타부서 업무지원 등의 명목으로 A사가 B사 근로자들에게 매월 일정 수준 이상의 소득을 보장하였다. B사 근로자들의 퇴직금이나 사회보험료 역시 A사가 기성대금과 함께 지급하였다. 한편 B사가 폐업을 하자 B사 근로자 甲은 A사를 상대로 종업원지위확인의 소를 제기하였다. A사는 甲의 근로기준법상 사용자에 해당하는가?

[대법원 2008. 7. 10. 선고 2005다75088 판결]

묵시적 근로계약관계 성립 요건

　원고용주에게 고용되어 제3자(도급인)의 사업장에서 제3자의 업무에 종사하는 자를 제3자의 근로자라고 할 수 있으려면, ① 원고용주는 사업주로서의 독자성이 없거나 독립성을 결하여 제3자의 노무대행기관과 동일시 할 수 있는 등 그 존재가 형식적, 명목적인 것에 지나지 아니하고, ② 사실상 당해 피고용인은 제3자와 종속적인 관계에 있으며, ③ 실질적으로 임금을 지급하는 자도 제3자이고, 또 근로제공의 상대방도 제3자이어서 당해 피고용인과 제3자 간에 묵시적 근로계약관계가 성립되어 있다고 평가될 수 있어야 한다.

　용인기업은 형식적으로는 피고 회사와 도급계약을 체결하고 소속 근로자들인 원고들로부터 노무를 제공받아 자신의 사업을 수행한 것과 같은 외관을 갖추었다고 하더라도, 실질적으로는 업무수행의 독자성이나 사업경영의 독립성을 갖추지 못한 채, 피고 회사(현대미포조선)의 일개 사업부서로서 기능하거나 노무대행기관의 역할을 수행하였을 뿐이고, 오히려 피고 회사가 원고들로부터 종속적인 관계에서 근로를 제공받고, 임금을 포함한 제반 근로조건을 정하였다고 봄이 상당하므로, 원고들과 피고 회사 사이에는 직접 피고 회사가 원고들을 채용한 것과 같은 묵시적인 근로계약관계가 성립되어 있었다고 보는 것이 옳다.

007. 정년차등의 남녀차별 여부

甲은 A공사(한국전기통신공사)의 일반직 교환원으로 근무하는 근로자로 1994.3.2. A공사로부터 정년퇴직 발령통보를 받았다. A공사의 인사규정에는 소속 직원의 정년에 관하여 일반직, 연구직, 기능직으로 구분하여 그 정년을 달리하고, 일반직 직원의 정년을 58세로 규정하면서 일반직 직원 중 교환직렬 직원은 정년을 53세로 규정하고 있다. 교환직원의 수는 1993년 3월 경 6,400명이고 그 중 남성은 3명뿐이었고, 甲이 정년퇴직 발령을 받을 당시에 교환직렬 직원은 모두 여성으로 구성되어 있었다. 교환직렬 직원의 업무는 114 전화번호 안내, 전화요금 부과를 위한 통화 등인데 그 중 가장 본질적인 직무는 안내 및 교환업무이다.

한편 A공사는 교환업무의 자동화로 인하여 교환직렬에 잉여인력이 발생하여 1987년 이후부터 교환직렬 신규채용을 중지하였고, 1987년부터 1994년 5월까지 A공사 전화교환원 870명이 퇴직하였는데 그 중 53세 정년에 달하여 퇴직한 자는 1명뿐이고 41세 이전에 자진퇴사한 자는 총 퇴직자의 90%를 초과한다. 甲은 교환원의 정년을 53세로 하여 본인에게 퇴직통보를 하는 것은 근로기준법 제6조를 위반하여 남녀의 성(性)을 이유로 차별적 대우를 한 것이라고 주장한다. 甲의 주장은 타당한가?

[대법원 1996. 8. 23. 선고 94누13589 판결]

근로기준법 제6조 '남녀 차별 대우'의 의미

남녀고용평등법 제11조, 제2조 제1항은 사업주가 근로자의 정년 및 해고에 관하여 여성인 것을 이유로 합리적 이유 없이 남성과 차별하는 것을 금지하고 있고, 근로기준법 제6조는 사용자는 근로자에 대하여 남녀의 차별적 대우를 하지 못하며 국적, 신앙 또는 사회적 신분을 이유로 하여 근로조건에 대한 차별적 처우를 하지 못한다고 규정하고 있는바, **근로기준법 제6조에서 말하는 남녀의 차별적 대우란 합리적인 이유 없이 남성 또는 여성이라는 이유만으로 부당하게 차별대우하는 것을 의미한다.**

교환직렬의 경우 담당인력의 고령화가 지속되고, 게다가 원고의 교환직렬의 정년을 다른 직렬의 경우와 같이 58세로 연장하면 교환직렬은 더욱 고령화되고, 신규인력의 유입이 어려워짐에 따라 연공서열제를 채택하고 있는 회사의 고용비용은 증가되고 상대적으로 생산성은 낮아질 수밖에 없는 사실을 알 수 있는바, 사정이 그러하다면 원고의 교환직렬에서의 인력의 잉여 정도, 연령별 인원구성, 정년 차이의 정도, 차등정년을 실시함에 있어서 노사간의 협의를 거친 점, 신규채용을 하지 못한 기간 등에 비추어 보아 **회사가 교환직렬에 대하여 다른 일반직 직원과 비교하여 5년간의 정년차등을 둔 것이 사회통념상 합리성이 없다고 단정하기는 어렵다 할 것이다.**

甲은 A사의 기업별 노동조합인 B노동조합에서 제4대 및 제7대 집행부 조직부장을 역임한 바 있는데 2003년 8월말부터 2005년 2월말까지의 기간 동안 A사 내외에서 다수지인으로부터 "자녀가 A사에 입사하도록 A사에 다니는 사람의 추천을 받을 수 있게 도와 달라."라는 취업청탁 명목으로 500만원 내지 2,000만원 등 합계 7,700만원을 수령하여 근기법 제9조 위반으로 공소제기 되었다. 그러나 甲은 사례금을 수령한 것은 사실이나 구체적인 소개 또는 알선행위는 없었다고 주장한다. 甲의 행위는 중간착취배제 위반에 해당하는가?

[대법원 2008. 9. 25. 선고 2006도7660 판결]

1. 근기법 제9조(중간착취 배제)의 입법취지

근로기준법 제9조의 **입법취지는 제3자가 타인의 취업에 직접·간접으로 관여하여 근로자를 착취하는 행위를 방지하고자 함에 있다.**

2. 다른 사람의 취업에 개입할 것

근로기준법 제9조는 "누구든지 법률에 의하지 아니하고는 영리로 타인의 취업에 개입하거나 중간인으로서 이익을 취득하지 못한다."고 규정하고 있는바, **'영리로 타인의 취업에 개입'한다고 함은 제3자가 영리로 타인의 취업을 소개 또는 알선하는 등 근로관계의 성립 또는 갱신에 영향을 주는 행위를 말한다.** 여기에는 취업을 원하는 사람에게 **취업을 알선해주는 대가로 금품을 수령하는 정도의 행위도 포함되고, 반드시 근로관계 성립 또는 갱신에 직접적인 영향을 미칠 정도로 구체적 소개 또는 알선행위까지 나아가야 하는 것은 아니다.**

3. 영리성의 추가적 판단

타인의 취업과 관련하여 금품을 수수하였다고 하더라도 그 모든 경우를 처벌하는 것이 아니라 **'영리'의 의사로 개입한 경우에 한하여 처벌하는 것**으로 보아야 한다(대법원 2007. 8. 23. 선고 2007도3192 판결). 그리고 여기서 '영리로'의 의미는 **'경제적인 이익을 취득할 의사'를 말하는 것**이라 할 수 있다.

피고인(甲)은 노동조합 간부로 상당기간 근무하였기 때문에 회사의 취업자 선정에 관하여 **사실상 영향력을 미칠 수 있는 지위**에 있는 피고인이 구직자들로부터 그 회사에 취업할 수 있도록 **알선해 달라는 부탁을 받고 이를 승낙하면서 그 대가로 금원을 교부**받은 피고인의 행위는 근로기준법 제9조에서 금지하는 행위에 해당한다.

009. 경업금지약정의 효력

A사는 손톱깎이 등 철금속 제품의 제조판매 및 가공업 수출입을 주요 업무로 하는 회사이고 甲은 1986.1.5. A사에 입사하여 1999.9.6.부터 A사의 무역부장으로 근무하면서 A사의 주요 납품업체인 미국 배셋(BASSET)사와의 구매 및 수출판매 등의 업무를 담당하였다가 2004.2.28. 퇴사하였다.

甲은 2002. 9. 30. A사와 사이에 "회사를 퇴직 후 2년 이내에는 회사와 경쟁관계에 있는 회사에 취업하거나 직·간접 영향을 미쳐서는 안된다"는 내용이 포함된 연봉·근로계약(경업금지약정)을 체결하였고, 甲은 2004.2.28. A사를 퇴직한 후 2004.4.30.경 중개무역회사인 B사를 설립, 운영하면서 중국 업체에 도급을 주어 A사가 미국의 배셋사에 납품한 바 있는 손톱깎이 세트, 손톱미용 세트 등과 일부 유사한 제품을 배셋사에 납품하였다. 이에 A사는 甲을 상대로 계약 위반 등에 따른 손해배상 청구의 소를 제기하였다. A사의 청구는 받아들여질 수 있겠는가?

[대법원 2010. 3. 11. 선고 2009다82244 판결]

1. 과도한 제한의 금지

사용자와 근로자 사이에 **경업금지약정이 존재한다고 하더라도**, 그와 같은 약정이 **헌법상 보장된 근로자의 직업선택의 자유와 근로권 등을 과도하게 제한하거나 자유로운 경쟁을 지나치게 제한하는 경우에는**
민법 제103조에 정한 선량한 풍속 기타 사회질서에 반하는 법률행위로서 무효라고 보아야 하며,

2. 유효성 판단

(1) 종합고려 판단

이와 같은 경업금지약정의 유효성에 관한 판단은 **보호할 가치 있는 사용자의 이익, 근로자의 퇴직 전 지위, 경업 제한의 기간·지역 및 대상 직종, 근로자에 대한 대가의 제공 유무, 근로자의 퇴직 경위, 공공의 이익 및 기타 사정 등을 종합적으로 고려하여야 하고,**

(2) 보호할 가치 있는 사용자의 이익

여기에서 말하는 '보호할 가치 있는 사용자의 이익'이라 함은 부정경쟁방지 및 영업비밀보호에 관한 법률 제2조 제2호에 정한 **'영업비밀'뿐만 아니라 그 정도에 이르지 아니하였더라도 당해 사용자만이 가지고 있는 지식 또는 정보로서 근로자와 이를 제3자에게 누설하지 않기로 약정한 것이거나 고객관계나 영업상의 신용의 유지도 이에 해당한다.**

甲이 고용기간 중에 습득한 기술상 또는 경영상의 정보 등을 사용하여 영업을 하였다고 하더라도 **그 정보는 이미 동종업계 전반에 어느 정도 알려져 있었던 것**으로, 설령 일부 구체적인 내용이 알려지지 않은 정보가 있었다고 하더라도 **이를 입수하는데 그다지 많은 비용과 노력을 요하지는 않았던 것으로 보이고**, A회사가 다른 업체의 진입을 막고 거래를 독점할 권리가 있었던 것은 아니며 그러한 **거래처와의 신뢰관계는 무역 업무를 수행하는 과정에서 자연스럽게 습득되는 측면이 강하므로 경업금지약정에 의해 보호할 가치가 있는 이익에 해당한다고 보기 어렵거나 그 보호가치가 상대적으로 적은 경우에 해당한다고 할 것**이고, 경업금지약정이 甲의 이러한 영업행위까지 금지하는 것으로 해석된다면 근로자인 甲의 직업선택의 자유와 근로권 등을 **과도하게 제한하거나 자유로운 경쟁을 지나치게 제한하는 경우에 해당되어 민법 제103조에 정한 선량한 풍속 기타 사회질서에 반하는 법률행위로서 무효**라고 할 것이므로, 경업금지약정이 유효함을 전제로 하는 손해배상청구는 이유 없다.

010. 위약예정의 금지

甲은 A사의 기술제휴 업무전담자로 A사에 입사 후 일본회사로 기술연수를 앞두고 영업비밀을 제3 자에게 누설하지 않고 연수 후 10년간 근무하기로 약정하고, 불이행시 사용자에게 10억 원을 지급하기로 하는 약정을 체결하였다. 甲은 A사에 근무하는 동안 기술습득을 위해 11회에 걸쳐 243일 동안 일본으로 연수 및 출장을 다녀왔고, A사는 연수경비로 약 3억 원을 지출하였다. 그러나 甲은 연수를 다녀온 후 3년도 채 안되어 다른 회사로 이직하였고, A사는 약정 위반을 이유로 10억 원의 지급을 구하는 소를 제기하였다. A사의 청구는 타당한가?

[대법원 2008. 10. 23. 선고 2006다37274 판결]

1. 근기법 제20조(위약예정금지)의 취지

근로기준법 제20조에서 "사용자는 근로계약 불이행에 대한 위약금 또는 손해배상액을 예정하는 계약을 체결하지 못한다."고 규정하고 있는 취지는, **근로자가 근로계약을 불이행한 경우** 반대급부인 임금을 지급받지 못한 것에 더 나아가서 위약금이나 손해배상을 지급하여야 한다면 근로자로서는 비록 불리한 근로계약을 체결하였다 하더라도 그 근로계약의 구속에서 쉽사리 벗어날 수 없을 것이므로 위와 같은 위약금이나 손해배상액 예정의 약정을 금지함으로써 **근로자가 퇴직의 자유를 제한받아 부당하게 근로의 계속을 강요당하는 것을 방지하고, 근로계약 체결시의 근로자의 직장선택의 자유를 보장하며 불리한 근로계약의 해지를 보호하려는 데 있다.**[1]

2. 무효인 약정

근로자가 일정 기간 동안 근무하기로 하면서 이를 위반할 경우 소정 금원을 사용자에게 지급하기로 약정하는 경우, 그 약정의 취지가 ① **약정한 근무기간 이전에 퇴직하면 그로 인하여 사용자에게 어떤 손해가 어느 정도 발생하였는지 묻지 않고 바로 소정 금액을 사용자에게 지급하기로 하는 것**이라거나 ② **마땅히 근로자에게 지급되어야 할 임금을 반환하기로 하는 취지일 때에도**, 결과적으로 위 조항의 입법 목적에 반하는 것이어서 역시 그 효력을 인정할 수 없다.

3. 유효한 약정

(1) 약정의 필요성

약정이 **사용자가 근로자의 교육훈련 또는 연수를 위한 비용을 우선 지출하고 근로자는 실제**

---

1) 대법원 2004. 4. 28. 선고 2001다53875 판결

지출된 비용의 전부 또는 일부를 상환하는 의무를 부담하기로 하되 장차 일정 기간 동안 근무하는 경우에는 그 상환의무를 면제해 주기로 하는 취지인 경우에는, 그러한 약정의 필요성이 인정된다.

(2) 지출비용의 성질

이때 **주로** 사용자의 업무상 필요와 이익을 위하여 원래 사용자가 부담하여야 할 성질의 비용을 지출한 것에 불과한 정도가 아니라 **근로자의 자발적 희망과 이익까지 고려하여 근로자가 전적으로 또는 공동으로 부담하여야 할 비용을 사용자가 대신 지출한 것으로 평가**되며,

(3) 의무재직기간 및 상환비용의 적정성

약정 근무기간 및 상환해야 할 비용이 합리적이고 타당한 범위 내에서 정해져 있는 등 위와 같은 약정으로 인하여 근로자의 의사에 반하는 계속 근로를 부당하게 강제하는 것으로 평가되지 않는다면, 그러한 약정까지 근로기준법 제20조에 반하는 것은 아니다.

이 사건의 경우 근로기준법이 금지하는 전형적인 위약금 또는 손해배상액의 예정에 해당하여 그 효력을 인정할 수 없는 것이다. 그리고 이 사건 약정은 미리 정한 10억 원을 위약금 또는 **손해배상액으로 예정하는 취지**로 보일 뿐이고, 근로자가 실제 지출된 교육훈련 또는 연수비용의 전부 또는 일부를 상환하는 의무를 부담하기로 하되 일정 기간 동안 근무하는 경우에는 그 상환의무를 면제받기로 하는 취지로 해석할 여지는 없는 것으로 보인다.

취업규칙

011. 취업규칙의 불이익 변경 해당 여부

A공사는 1981.4.1. 근로자들의 동의 없이 급여규정을 일방적으로 변경하였다. 변경된 급여규정에 따르면 퇴직금 지급율이 하향조정됨에 따라 장기근속을 희망하는 사람에게는 불리하게 되었으나 퇴직금 산정의 다른 기초가 되는 월봉급액은 상당히 증액되어 결과적으로 장기근속을 희망하지 아니하는 사람에게는 오히려 유리하게 되었다. A공사는 변경된 급여규정에 따라 甲에게 퇴직금을 지급하였고 甲은 변경된 급여규정은 무효라 주장하면서 퇴직금 차액 청구의 소를 제기하였다. A공사의 변경된 급여규정은 유효한가?

[대법원 1993. 5. 14. 선고 93다1893 판결]

근로자간 이 · 불리를 달리하는 변경, 불이익 변경

취업규칙의 일부를 이루는 급여규정의 변경이 일부의 근로자에게는 유리하고 일부의 근로자에게는 불리한 경우 불이익 변경에 해당하는지 판단하는 것은 근로자 전체에 대하여 획일적으로 결정되어야 할 것이고, 또 이러한 경우 취업규칙의 변경이 근로자에게 전체적으로 유리한지 불리한지를 객관적으로 평가하기가 어려우며, 같은 개정에 의하여 **일부 근로자에게는 유리하지만 다른 일부 근로자에게는 불리하여 전체적으로 유 · 불리를 단정적으로 평가하기가 어려운 경우에는 근로자에게 불이익한 변경으로 판단한다.**

이 사건 퇴직금 규정의 변경은 근속기간에 따라 이, 불리를 달리하게 된 근로자집단의 규모를 비교할 것 없이 **불이익한 변경으로서 근로자집단의 동의를 요한다고 할 것이고,** 그러한 절차를 밟지 않고 이루어진 이 사건 급여규정의 개정은 무효라 할 것이다.

나아가 보수규정의 개정이 당시 정부 산하의 투자기관 소속 임직원들의 급여 수준이 너무 높은 탓으로 인한 정부투자기관의 경영과 수익활동에 대한 재정압박과 일반공무원과의 형평 등을 이유로 정부의 조정방침에 따라 이루어졌다 하더라도 그것만으로는 근로자집단의 동의를 받지 않아도 될 만한 **사회통념상의 합리성이 있다고 볼 수 없다.**

[참고 : 대법원 1997. 5. 16. 선고 96다2507 판결] - 정년제의 신설과 불이익 변경의 판단

취업규칙에 정년규정이 없던 회사에서 정년규정(55세)을 신설한 경우, 그 회사의 근로자들은 정년제 규정이 신설되기 이전에는 만 55세를 넘더라도 아무런 제한 없이 계속 근무할 수 있었으나, 그 정년규정의 신설로 인하여 만 55세로 정년에 이르고, 회사의 심사에 의하여 일정한 경우에만 만 55세를 넘어서 근무할 수 있도록 되었다면 이와 같은 **정년제 규정의 신설은 근로자가 가지고 있는 기득의 권리나 이익을 박탈하는 불이익한 근로조건을 부과하는 것에 해당한다.** 따라서 근로자 과반수이상의 동의를 요한다.

A사는 관리직 직원인 3급 이상 직원의 정년을 60세에서 58세로 단축하였다. 정년규정의 개정 당시 A사의 전체 직원 38명 중 관리직 직원은 12명이고, A사 근로자를 조합원으로 한 노동조합은 관리직 3급 4명과 일반직 23명 등 총 27명으로 구성되어 있었다. A사의 전체 직원 중 과반수가 4급 이하의 일반직 직원이기는 하였으나, 3급 이상의 관리직 직원들과 4급 이하의 일반직 직원들은 그 직급에 따른 차이만이 있을 뿐 4급 이하의 일반직 직원들은 누구나 3급 이상으로 승진할 가능성이 있었다. A사는 노동조합의 동의를 얻어 정년규정을 변경하였고 개정된 정년규정에 따라 정년퇴직한 甲은 정년규정은 무효임을 주장하며 노동위원회에 부당해고 구제신청을 하였다. A사의 정년규정은 유효한가?

[대법원 2009. 5. 28. 선고 2009두2238 판결]

---

1. 동의의 주체 - 원칙

취업규칙의 작성·변경의 권한은 원칙적으로 사용자에게 있으므로 사용자는 그 의사에 따라 취업규칙을 작성·변경할 수 있으나, 취업규칙의 작성·변경이 근로자가 가지고 있는 기득의 권리나 이익을 박탈하여 불이익한 근로조건을 부과하는 내용일 때에는 **종전 근로조건 또는 취업규칙의 적용을 받고 있던 근로자의 집단적 의사결정방법에 의한 동의**를 요한다.

즉, **근로조건이 이원화되어 있어** 변경된 취업규칙이 적용되어 직접적으로 불이익을 받게 되는 근로자 집단 이외에 **변경된 취업규칙의 적용이 예상되는 근로자 집단이 없는 경우에는 변경된 취업규칙이 적용되어 불이익을 받는 근로자 집단만이 동의주체가 된다.**

2. 예외

여러 근로자 집단이 **하나의 근로조건 체계 내에 있어** 비록 취업규칙의 불이익변경 시점에는 어느 근로자 집단만이 직접적인 불이익을 받더라도 **다른 근로자 집단에게도 변경된 취업규칙의 적용이 예상되는 경우에는 일부 근로자 집단은 물론 장래 변경된 취업규칙 규정의 적용이 예상되는 근로자 집단을 포함한 근로자 집단이 동의주체가 된다.**

이 사건 정년규정의 개정은 당시 3급 이상이었던 관리직 직원뿐만이 아니라 일반직 직원들을 포함한 전체 직원에게 불이익하여 그 개정 당시의 관리직 직원들뿐만 아니라 일반직 직원들을 포함한 전체 직원들이 동의주체가 된다고 봄이 상당하다. 따라서 변경된 정년규정은 유효하다.

A사는 취업규칙에 따라 근로자들에게 상여금을 지급하고 있었는데 IMF 금융위기사태로 경영이 악화되자, 취업규칙을 변경하여 1998.1.1.부터 약 6개월간 일체의 상여금을 지급하지 아니하기로 하였다. A사의 직원 일부는 사원협의회를 중심으로 A에 대하여 상여금 삭감의 근거 제시를 요구하였고 이에 A사는 사원협의회 임원들을 만나 상여금 삭감의 필요성을 설명하는 한편, 본사의 각 부서와 전국의 각 영업소별로 위와 같은 변경에 동의한다는 내용의 문구가 기재된 서면을 보내 변경의 취지와 필요성을 설명한 다음 부서별로 위 서면의 아랫부분에 직원들의 서명을 받아 전체적으로 취합하는 방식으로 직원 과반수(471명 중 467명)의 동의를 받았다.

한편, A사 근로자 甲은 취업규칙 변경 당시 A사가 배부한 서면에는 동의하는 사람이 서명할 수 있었을 뿐 반대하는 사람은 그 의사를 표명할 방법이 없었고, 일부 부서장들은 자신의 서명을 마친 후에도 직원들이 서명을 하는 동안 서명 장소에 계속 남아 있는 등 A사의 부당한 개입이나 간섭이 있었다고 주장하며 변경된 취업규칙의 효력을 부인하고 있다. 이러한 상황에서 甲은 A사를 상대로 임금(상여금)청구의 소를 제기하였다. 甲의 청구는 받아들여질 수 있는가?

[대법원 2003. 11. 14. 선고 2001다18322 판결]

과반수 노조가 없는 경우 집단적 동의 방법

그 회의 방식은 반드시 한 사업 또는 사업장의 전 근로자가 일시에 한자리에 집합하여 회의를 개최하는 방식만이 아니라 **한 사업 또는 사업장의 기구별 또는 단위 부서별로 사용자측의 개입이나 간섭이 배제된 상태에서 근로자 상호간에 의견을 교환하여 찬반의견을 집약한 후 이를 전체적으로 취합하는 방식도 허용된다.**

여기서 **사용자측의 개입이나 간섭이라 함은 사용자측이 근로자들의 자율적이고 집단적인 의사결정을 저해할 정도로 명시 또는 묵시적인 방법으로 동의를 강요하는 경우를 의미하고** 사용자측이 **단지 변경될 취업규칙의 내용을 근로자들에게 설명하고 홍보하는 데 그친 경우에는 사용자측의 부당한 개입이나 간섭이 있었다고 볼 수 없다.**

이 사건 취업규칙 변경 당시 회사가 직원들의 서명을 받기 위하여 작성한 위 각 서면들의 앞서 본 내용과 형식 및 서명 당시 일부 부서장들이 서명 장소에 남아 있었던 점 등을 고려하더라도 회사측이 직원들을 상대로 급여규정 변경의 필요성에 대한 설명과 홍보를 하는 것을 넘어 **명시 또는 묵시적인 방법으로 동의 서명을 강요하였다고 볼 수 없는 이상 피고 회사 직원들의 자율적이고 집단**

적인 의사결정을 부당하게 저해할 정도의 회사측의 개입이나 간섭이 있었다고는 볼 수 없고, 변경 때는 **대부분이 동의 서명**을 한 경위 등에 비추어 보면 직원들은 회사의 상황을 인식하고 위기의식에서 부득이 상여금 삭감을 감수하기로 하고 급여규정 변경에 과반수 이상 동의한 것으로 보는 것이 타당하다.

　　A사는 1991.1.1.자로 퇴직금 지급률을 인하하는 내용으로 퇴직금규정을 개정하고, 노사협의회에서 퇴직금규정의 개정을 안건으로 상정하여 근로자위원들의 동의를 받아 그 내용을 근로자들에게 공지시켰으며, 그 후 근로자위원들의 동의 사실을 명확히 하고자 근로자 위원 5인의 동의서를 받았다. 그러나 1993.1.2. A사에서 퇴사한 근로자 甲은 개정된 퇴직금규정은 무효라고 주장하며 퇴직금 지급 청구의 소를 제기하였다. 근로자 甲의 청구는 타당한가?

[대법원 1994. 6. 24. 선고 92다28556 판결]

1. 노사협의회 제도의 취지

　　노사협의회는 근로자와 사용자 **쌍방이 이해와 협조를 통하여 노사공동의 이익을 증진함으로써 산업평화를 도모할 것을 목적으로 하는 제도로서 노동조합과 그 제도의 취지가 다르므로**

2. 근로자위원의 동의 효력

　　비록 회사가 근로조건에 관한 사항을 그 협의사항으로 규정하고 있다 하더라도 근로자들이 **노사협의회를 구성하는 근로자위원들을 선출함에 있어** 그들에게 근로조건을 불이익하게 변경함에 있어서 **근로자들을 대신하여 동의를 할 권한까지 포괄적으로 위임한 것이라고 볼 수 없으며,** 그 근로자위원들이 퇴직금규정의 개정에 동의를 함에 있어서 **사전에 그들이 대표하는 각 부서별로 근로자들의 의견을 집약 및 취합하여 그들의 의사표시를 대리하여 동의권을 행사하였다고 볼 만한 자료도 없다면,** 근로자위원들의 동의를 얻은 것을 **근로자들 과반수의 동의를 얻은 것과 동일시할 수 없다.**

[대법원 2015. 8. 13. 선고 2012다43522 판결]

1. 동의 없는 취업규칙의 효력, 무효

　　사용자가 일방적으로 새로운 취업규칙의 작성·변경을 통하여 근로자가 가지고 있는 기득의 권리나 이익을 박탈하여 **불이익한 근로조건을 부과하는 것은 원칙적으로 허용되지 아니하지만,**

2. 사회통념상 합리성의 의의

　　해당 취업규칙의 작성 또는 **변경이 필요성 및 내용의 양면에서** 보아 그에 의하여 **근로자가 입**

게 될 불이익의 정도를 고려하더라도 여전히 당해 조항의 법적 규범성을 시인할 수 있을 정도로 사회통념상 합리성이 있다고 인정되는 경우에는 종전 근로조건 또는 취업규칙의 적용을 받고 있던 근로자의 집단적 의사결정 방법에 의한 동의가 없다는 이유만으로 그의 적용을 부정할 수는 없다.

취업규칙의 변경에 사회통념상 합리성이 있다고 인정되려면 **실질적으로는 근로자에게 불리하지 아니하는 등 근로자를 보호하려는 근로기준법의 입법 취지에 어긋나지 않아야 한다.**

3. 판단요소

사회통념상 합리성의 유무는 **취업규칙의 변경 전후를 비교하여 취업규칙의 변경 내용 자체로 인하여 근로자가 입게 되는 불이익의 정도, 사용자 측의 변경 필요성의 내용과 정도, 변경 후의 취업규칙 내용의 상당성, 대상(代償)조치 등을 포함한 다른 근로조건의 개선상황, 취업규칙 변경에 따라 발생할 경쟁력 강화 등 사용자 측의 이익 증대 또는 손실 감소를 장기적으로 근로자들도 함께 향유할 수 있는지에 관한 해당 기업의 경영행태, 노동조합 등과의 교섭 경위 및 노동조합이나 다른 근로자의 대응, 동종 사항에 관한 국내의 일반적인 상황 등을 종합적으로 고려하여 판단하여야 한다.**

4. 제한·엄격 해석

취업규칙을 근로자에게 불리하게 변경하는 경우에 동의를 받도록 한 근로기준법의 입법 취지를 고려할 때, 변경 전후의 문언을 기준으로 하여 취업규칙이 근로자에게 불이익하게 변경되었음이 명백하다면, **취업규칙의 내용 이외의 사정이나 상황을 근거로 하여 그 변경에 사회통념상 합리성이 있다고 보는 것은, 이를 제한적으로 엄격하게 해석·적용하여야 한다.**

甲은 1980. 6. 1. A사의 직원으로 입사하여 근무하다가 1992. 2. 10.에 퇴사하였다. A사는 1982. 1. 1. 일방적으로 보수규정을 개정하여 퇴직금 지급률을 인하하였는데, 보수규정 개정 당시 근로자 집단의 집단적 의사결정 방법에 의한 동의 없이 근로자들에게 불이익하게 변경된 것이므로 개정 전에 입사한 근로자들에게는 효력이 없어 종전 규정이 유효한 상태였다.

한편 A사 노동조합은 1991년도 단체협약을 체결함에 있어 미리 단체협약 중점안의 하나로 "퇴직금 지급률은 A사의 규정에 따른다."는 조항을 두고, 1991. 12. 2. A사와 위와 같은 내용의 단체협약을 체결하여 그 때부터 이를 시행하였다. 단체협약 체결 당시 A사 총직원 273명 중 139명이 노동조합원이었다. A사는 위 단체협약 시행 이후에 퇴직하는 근로자들에게 개정 규정에 의하여 산출한 퇴직금을 지급하였다. 이에 甲은 퇴직금의 차액을 청구하는 소를 제기하였다. 甲의 청구는 타당한가?

[대법원 1997. 8. 22. 선고 96다6967 판결]

1. 소급동의의 적용 범위

단체협약은 노동조합이 사용자 또는 사용자 단체와 근로조건 기타 노사관계에서 발생하는 사항에 관하여 체결하는 협정으로서, **노동조합이 사용자측과 기존의 임금, 근로시간, 퇴직금 등 근로조건을 결정하는 기준에 관하여 소급적으로 동의하거나 이를 승인하는 내용의 단체협약을 체결한 경우**에 그 동의나 승인의 효력은 단체협약이 시행된 이후에 그 사업체에 종사하며 **그 협약의 적용을 받게 될 노동조합원이나 근로자들에 대하여 생기므로,**

2. 변경된 규정이 무효임을 알았는지 여부

취업규칙 중 퇴직금 지급률에 관한 규정의 변경이 근로자에게 불이익함에도 불구하고 사용자가 근로자의 집단적 의사결정 방법에 의한 동의를 얻지 아니한 채 변경을 함으로써 기득이익을 침해하게 되는 기존의 근로자에 대하여는 종전의 퇴직금 지급률이 적용되어야 하는 경우에도 **노동조합이 사용자측과 변경된 퇴직금 지급률을 따르기로 하는 내용의 단체협약을 체결한 경우**에는, 기득이익을 침해하게 되는 기존의 근로자에 대하여 종전의 퇴직금 지급률이 적용되어야 함을 알았는지 여부에 관계없이 원칙적으로 그 협약의 적용을 받게 되는 기존의 근로자에 대하여도 변경된 퇴직금 지급률이 적용되어야 한다.

한편 사실관계가 원심이 인정한 바와 같다면 피고의 노동조합이 "퇴직금 지급률은 개발원의 규정에 따른다."는 내용의 단체협약을 체결함으로써 위 단체협약의 적용을 받게 되는 취업규칙 변경 전의 기존 근로자에 대하여도 단체협약 체결 당시의 법규적 효력을 가지는 개정 규정의 퇴직금 지급률을 적용하는 것에 대하여 **소급적으로 동의한 것이라고 보아야 할 것**이므로 **단체협약 체결 당시 기존의 근로자에 대하여 개정 규정의 퇴직금 지급률이 적용되지 아니함을 알았는지 여부에 관계없이 위 단체협약이 시행된 이후에 퇴직하는 원고들에 대한 퇴직금을 산정함에 있어서는 개정 규정**을 적용하여야 할 것이다.

임 금

016. 임금성 판단

A사에서 퇴사한 甲은 A사가 퇴직금 산정기초인 평균임금에서 중식대, 성과금, 단체개인연금 보험료, 가족수당, 휴가비, 선물비를 제외하였다고 주장하면서 추가지급을 구하는 소를 제기하였다.

A사의 '중식대'는 현물로 제공되며, 식사를 하지 않는 사원에게 현금으로 대체지급하지 않았다. 또한 '성과금'은 매년 별개의 합의 형식으로 기업 전체의 생산목표를 설정하여 달성률에 따라 지급되었으나, 甲이 퇴사하던 해에는 생산실적이 저조하여 지급되지 않았다. '단체개인연금 보험료'는 단체협약으로 전 직원을 대상으로 월 20,000원씩을 10년간 불입하여주기로 합의하고, 직원들의 재직기간 동안 A사가 이를 대납하고 급여명세서에 기재한 후 근로소득세를 원천징수하였다. 중식대, 성과금, 개인연금보험료는 평균임금의 산정기초에 산입되는가?

[대법원 2005. 9. 9. 선고 2004다41217 판결]

1. 평균임금 산정기초가 되는 임금의 기본적 기준

평균임금 산정의 기초가 되는 임금총액에는 그 **명칭에 관계없이** 사용자가 ① **근로의 대상으로** 근로자에게 지급하는 일체의 금품으로서, ② **근로자에게 계속적·정기적으로 지급**되고 그 **지급에 관하여 단체협약, 취업규칙 등에 의하여** ③ **사용자에게 지급의무가** 지워져 있으면 그 **명칭 여하를 불문하고 모두 포함되는 것이고,** 비록 **현물로 지급되었다** 하더라도 근로의 대가로 지급하여 온 금품이라면 평균임금의 산정에 있어 포함되는 임금으로 봄이 상당하다.

2. 임금성이 부정되는 경우

그러나 근로의 대가로 지급된다 하더라도 그 **지급사유의 발생이 불확정이고 일시적으로 지급되는 것**은 임금이라고 볼 수 없으며 근로의 대가가 아니라 **임의적·은혜적으로 지급되는 것**은 임금이라 할 수 없다.

이 사건 **중식대**는 회사가 식사를 하지 않는 근로자에게 식비에 상응하는 현금이나 다른 물품을 지급할 의무가 없기 때문에 근로자의 후생복지를 위해 제공되는 것으로서 근로의 대가인 임금이라고 볼 수 없다.

　목표달성 성과금은 매년 노사간 합의로 그 구체적 지급조건이 정해지며 그 해의 생산실적에 따라 지급 여부나 지급률이 달라질 수 있는 것이지 생산실적과 무관하게 계속적·정기적으로 지급된 것이라고 볼 수 없어 회사에 그 지급의무가 있는 것이 아니므로 임금에 해당한다고 볼 수 없다.

　단체연금보험료는 비록 직접 근로자들에게 현실로 지급되는 것이 아니고 그 지급의 효과가 즉시 발생하는 것은 아니라 하더라도 사용자가 단체협약에 의하여 전 근로자를 피보험자로 하여 개인연금보험에 가입한 후 매월 그 보험료 전부를 대납하였고 근로소득세까지 원천징수하였다면, 이는 근로의 대상인 임금의 성질을 가진다고 할 것이다.

甲은 A생명보험회사에서 영업소장으로 근무 중 혼인빙자간음죄로 구속되어 약 5개월간 무급휴직을 하였다가 구속 직후 퇴사했고, A사는 휴직 전 3개월간 임금을 기초로 계산한 퇴직금을 甲에게 지급하였다. 그러나 A사는 퇴직금 산정방법에 착오가 있었다고 하여 소정 액의 부당이득을 반환할 것을 청구하는 소를 제기하였다. 甲은 휴직 전 월 급여로 평균 500만원을 받았고, 이 중 정액급여(통상임금에 해당)는 약 150만원이고 능률급여는 350만원이었다. A사의 소는 받아들여질 수 있겠는가?

[대법원 1999. 11. 12. 선고 98다49357 판결]

1. 시행령 제4조의 "평균임금을 산정할 수 없는 경우"의 의미

근로기준법 시행령 제4조는 근로기준법과 그 시행령의 규정에 의하여 평균임금을 산정할 수 없는 경우에는 노동부장관이 정하는 바에 의한다고 규정하고 있는바, 여기서 **평균임금을 산정할 수 없다는 것에는 문자 그대로 그 산정이 기술상 불가능한 경우에만 한정할 것이 아니라** 근로기준법의 관계 규정에 의하여 그 **평균임금을 산정하는 것이 현저하게 부적당한 경우까지도 포함하는 것**이라고 보아야 한다.

2. 판단기준

산정이 현저하게 부적당한 경우란, 현저히 많거나 적은 경우를 뜻한다.

근로기준법이 정한 원칙에 따라 평균임금을 산정하였다고 하더라도, **근로자의 퇴직을 즈음한 일정 기간 특수하고 우연한 사정으로 인하여 임금액 변동이 있었고, 그 때문에 위와 같이 산정된 평균임금이 근로자의 전체 근로기간, 임금액이 변동된 일정 기간의 장단, 임금액 변동의 정도 등을 비롯한 제반 사정을 종합적으로 평가하여 통상의 경우보다 현저하게 적거나 많게 산정된 것인지 판단한다.**

3. 산정방법

따라서 퇴직금 산정의 기초인 **평균임금이 특별한 사유로 인하여 통상의 경우보다 현저하게 적거나 많을 경우에는 근로기준법 시행령 제4조에 의하여 노동부장관이 정하는 바에 따라 평균임금을 산정하여야 할 것**인데, 아직까지 그 기준이나 방법 등을 정한 바가 없으므로, **평균임금의 기본원리와 퇴직금 제도의 취지에 비추어 근로자의 통상의 생활임금을 사실대로 반영하는 방법으로 그 평균임금을 산정하여야 한다.** 이에 대법원은 휴직 전 3개월간의 임금을 기준으로 평균임금을 산정하여야 한다고 하였다.

이와 같이 피고의 휴직기간이 퇴직 전 3개월 이상에 걸쳐 있고 그 동안 지급된 급여가 없어 피고의 퇴직금 산정의 기초인 평균임금(월평균 급여)이 0원이 되고, 따라서 그 통상임금을 평균임금으로 하여 퇴직금을 산정하여야 하는데, 피고가 보험회사의 영업소장으로서 그 급여의 대부분이 실적급인 능률급여로 구성되어 있어 능률급여를 제외하고 산정한 통상임금이 월 약 150만 원이고, **이는 휴직 전의 평균임금인 월 약 500만 원의 3분의 1에도 미치지 못한다는 점을 고려**하면, 피고의 퇴직 전 3개월간 지급된 임금을 기초로 산정한 평균임금(월평균 급여)과 퇴직금은 피고가 **개인적 사정으로 퇴직 전 3개월 이상에 걸쳐 휴직하였다는 특수하고도 우연한 사정**에 의하여 통상의 경우보다 현저하게 적은 금액이라 할 것이고, 이러한 결과는 평균임금과 퇴직금 제도의 근본취지에 어긋난다고 하지 않을 수 없으므로, 이 사건의 경우도 위 관계 규정에 의하여 **평균임금을 산정하는 것이 현저하게 부적당한 경우에 해당한다** 할 것이다.

018. 통상임금 해당여부의 판단기준과 노사합의의 효력

A사와 A사 노동조합이 체결한 단체협약에 따라 '정기상여금'은 매 짝수달에 통상임금의 100%씩 지급되며 근속기간이 2개월을 초과한 근로자에게는 전액 지급하며 신규입사자나 휴직자에 대해 일정 비율의 금액을 지급하고, 퇴직자에게는 일할계산하여 지급한다. 단체협약에 따른 '설·추석 상여금'은 설·추석에 통상임금의 50%씩을 지급하고, 상여금 지급일 이전 중도퇴사자에게는 별도로 지급되지 않는다. 또한 단체협약에서 '정기상여금'과 '설·추석 상여금'을 통상임금 산입에서 제외하도록 하는 내용이 추가적으로 기재되어 있다.

한편 A사에 관리직으로 근무하다 2010. 12. 30. 퇴사한 甲은 정기상여금, 설·추석 상여금을 통상임금에 포함하여 계산하였다면 받을 수 있었던 연장근로수당과 실제 A사로부터 지급받은 임금의 차액의 지급을 청구하였다. 甲의 청구는 받아들여질 수 있는가?

[대법원 2013. 12. 18. 선고 2012다89399 전원합의체 판결]

1. 통상임금의 기본적 판단기준

어떠한 임금이 **통상임금에 속하는지 여부는 그 임금이 소정근로의 대가로 근로자에게 지급되는 금품으로서 정기적·일률적·고정적으로 지급되는 것인지를 기준으로 객관적인 성질에 따라 판단**하여야 하고, 임금의 명칭이나 지급주기의 장단 등 형식적 기준에 의해 정할 것이 아니다.

2. 소정근로의 대가

여기서 소정근로의 대가라 함은 **근로자가 소정근로시간에 통상적으로 제공하기로 정한 근로에 관하여 사용자와 근로자가 지급하기로 약정한 금품**을 말한다. 근로자가 소정근로시간을 초과하여 근로를 제공하거나 근로계약에서 제공하기로 정한 근로 외의 근로를 특별히 제공함으로써 사용자로부터 추가로 지급받는 임금이나 소정근로시간의 근로와는 관련 없이 지급받는 임금은 소정근로의 대가라 할 수 없으므로 통상임금에 속하지 아니한다. 위와 같이 **소정근로의 대가가 무엇인지는 근로자와 사용자가 소정근로시간에 통상적으로 제공하기로 정한 근로자의 근로의 가치를 어떻게 평가하고 그에 대하여 얼마의 금품을 지급하기로 정하였는지를 기준으로 전체적으로 판단하여야 하고**, 그 금품이 소정근로시간에 근무한 직후나 그로부터 가까운 시일 내에 지급되지 아니하였다고 하여 그러한 사정만으로 소정근로의 대가가 아니라고 할 수는 없다.

3. 정기성

어떤 임금이 통상임금에 속하기 위해서 정기성을 갖추어야 한다는 것은 **임금이 일정한 간격을**

두고 계속적으로 지급되어야 함을 의미한다. 통상임금에 속하기 위한 성질을 갖춘 임금이 1개월을 넘는 기간마다 정기적으로 지급되는 경우, 이는 노사 간의 합의 등에 따라 근로자가 소정근로시간에 통상적으로 제공하는 근로의 대가가 1개월을 넘는 기간마다 분할지급되고 있는 것일 뿐, 그러한 사정 때문에 갑자기 그 임금이 소정근로의 대가로서 성질을 상실하거나 정기성을 상실하게 되는 것이 아님은 분명하다. 따라서 정기상여금과 같이 일정한 주기로 지급되는 임금의 경우 단지 그 지급주기가 1개월을 넘는다는 사정만으로 그 임금이 통상임금에서 제외된다고 할 수는 없다.

4. 일률성

어떤 임금이 통상임금에 속하기 위해서는 그것이 일률적으로 지급되는 성질을 갖추어야 한다. '일률적'으로 지급되는 것에는 <u>'모든 근로자'에게 지급되는 것뿐만 아니라 '일정한 조건 또는 기준에 달한 모든 근로자'</u>에게 지급되는 것도 포함된다. 여기서 <u>'일정한 조건'이란 고정적이고 평균적인 임금을 산출하려는 통상임금의 개념에 비추어 볼 때 고정적인 조건</u>이어야 한다. 일정 범위의 모든 근로자에게 지급된 임금이 일률성을 갖추고 있는지 판단하는 잣대인 '일정한 조건 또는 기준'은 통상임금이 소정근로의 가치를 평가한 개념이라는 점을 고려할 때, <u>작업 내용이나 기술, 경력 등과 같이 소정근로의 가치 평가와 관련된 조건</u>이라야 한다.

5. 고정성

어떤 임금이 통상임금에 속하기 위해서는 그것이 고정적으로 지급되어야 한다. <u>'고정성'</u>이라 함은 <u>'근로자가 제공한 근로에 대하여 업적, 성과 기타의 추가적인 조건과 관계없이 당연히 지급될 것이 확정되어 있는 성질'</u>을 말하고,

<u>'고정적인 임금'</u>은 '임금의 명칭 여하를 불문하고 <u>임의의 날에 소정근로시간을 근무한 근로자가 그 다음 날 퇴직한다 하더라도 그 하루의 근로에 대한 대가로 당연하고도 확정적으로 지급받게 되는 최소한의 임금'</u>이라고 정의할 수 있다. 고정성을 갖춘 임금은 근로자가 임의의 날에 소정근로를 제공하면 <u>추가적인 조건의 충족 여부와 관계없이 당연히 지급될 것이 예정된 임금</u>이므로, <u>지급 여부나 지급액이 사전에 확정된 것</u>이라 할 수 있다. 이와 달리 근로자가 소정근로를 제공하더라도 추가적인 조건을 충족하여야 지급되는 임금이나 조건 충족 여부에 따라 지급액이 변동되는 임금 부분은 고정성을 갖춘 것이라고 할 수 없다.

6. 통상임금에 관한 노사합의의 효력

(1) 원칙

통상임금은 법이 정한 도구개념이므로, 사용자와 근로자가 통상임금의 의미나 범위 등에 관하여 단체협약 등에 의해 따로 합의할 수 있는 성질의 것이 아니다. 따라서 <u>성질상 근로기준법상의 통</u>

상임금에 속하는 임금을 통상임금에서 제외하기로 노사 간에 합의하였다 하더라도 그 합의는 효력이 없다. 근로기준법의 규정은 각 해당 근로에 대한 임금산정의 최저기준을 정한 것이므로, 통상임금의 성질을 가지는 임금을 일부 제외한 채 연장·야간·휴일 근로에 대한 가산임금을 산정하도록 노사 간에 합의한 경우 그 노사합의에 따라 계산한 금액이 근로기준법에서 정한 위 기준에 미달할 때에는 그 미달하는 범위 내에서 노사합의는 무효이고, 무효로 된 부분은 근로기준법이 정하는 기준에 따라야 한다.

단체협약 등 노사합의의 내용이 근로기준법의 강행규정을 위반하여 무효인 경우에, **무효를 주장하는 것이** 신의칙에 위배되는 권리의 행사라는 이유로 이를 배척한다면 강행규정으로 정한 입법 취지를 몰각시키는 결과가 될 것이므로, 그러한 주장이 **신의칙에 위배된다고 볼 수 없음이 원칙이다.**

(2) 예외, 신의칙의 적용

그러나 노사합의의 내용이 근로기준법의 강행규정을 위반한다고 하여 노사합의의 무효 주장에 대하여 예외 없이 신의칙의 적용이 배제되는 것은 아니다. **신의칙을 적용하기 위한 일반적인 요건을 갖춤은 물론 근로기준법의 강행규정성에도 불구하고 신의칙을 우선하여 적용하는 것을 수긍할 만한 특별한 사정이 있는 예외적인 경우에 한하여 노사합의의 무효를 주장하는 것은 신의칙에 위배되어 허용될 수 없다.**

다수의견에 따르면 **"정기상여금"에 대해** 우리나라 대부분의 기업에서는 정기상여금은 그 자체로 통상임금에 해당하지 아니한다는 전제 아래에서, 임금협상 시 노사가 정기상여금을 통상임금에서 제외하기로 합의하는 실무가 장기간 계속되어 왔고, 이러한 노사합의는 일반화되어 이미 관행으로 정착된 것으로 보인다. ① **이러한 방식의 임금협상을 거쳐 이루어진 노사합의에서 정기상여금은 통상임금에 해당하지 않는다고 오인하여 정기상여금을 통상임금 산정 기준에서 제외하고 이를 전제로 임금수준을 정하였음**에도 ② **협상 당시 상호 공통적으로 이해하던 것과 전혀 다른 사유를 들어 정기상여금을 통상임금에 포함하여 추가수당의 지급을 구함으로써**, 합의한 임금수준을 훨씬 초과하는 예상외의 이익을 추구하고 그로 말미암아 **사용자에게 예측하지 못한 새로운 재정적 부담을 지워 중대한 경영상의 어려움을 초래하거나 기업의 존립을 위태롭게 한다면**, 이는 **정의와 형평 관념에 비추어 신의에 현저히 반하고 도저히 용인 될 수 없다.** 따라서 추가 법정수당 청구는 신의칙에 위배되어 받아들일 수 없다.

(3) 신중·엄격 판단

근로관계를 규율하는 강행규정보다 신의칙을 우선하여 적용할 것인지를 판단할 때에는 근로조건의 최저기준을 정하여 근로자의 기본적 생활을 보장·향상시키고자 하는 근로기준법

등의 입법 취지를 충분히 고려할 필요가 있다. 또한 기업을 경영하는 주체는 사용자이고, 기업의 경영 상황은 기업 내·외부의 여러 경제적·사회적 사정에 따라 수시로 변할 수 있으므로, 통상임금 재산정에 따른 근로자의 추가 법정수당 청구를 중대한 경영상의 어려움을 초래하거나 기업 존립을 위태롭게 한다는 이유로 배척한다면, 기업 경영에 따른 위험을 사실상 근로자에게 전가하는 결과가 초래될 수 있다. 따라서 근로자의 추가 법정수당 청구가 사용자에게 중대한 경영상의 어려움을 초래하거나 기업의 존립을 위태롭게 하여 신의칙에 위반되는지는 신중하고 엄격하게 판단하여야 한다(대법원 2019. 2. 14. 선고 2015다217287 판결).

019. 임금직접지급원칙과 근로자의 임금채권양도

A사에 근무하던 甲이 A사를 퇴사함에 따라 甲은 A사에 대하여 퇴직금채권을 가지게 되었다. B은행은 甲의 퇴직금채권 1/2에 대해 이미 강제집행을 한 뒤 퇴직금채권의 1/2를 甲으로부터 양도받아 이를 A사에 청구하였으나 A사는 채권양도가 무효이고 남은 퇴직금 전액을 이미 甲에게 지급하였다는 이유로 B은행에 대하여 그 지급을 거절하자 B은행은 A사를 상대로 소를 제기하였다. B은행의 청구는 타당한가?

[대법원 1988. 12. 13. 선고 87다카2803 전원합의체 판결]

1. 직접지급원칙의 취지

근로기준법 제43조 제1항에서 임금직접지급의 원칙을 규정하고 그에 위반하는 자는 처벌을 하도록 하는 규정(같은 법 제109조)를 두어 그 이행을 강제하고 있는 이유는 **임금이 확실하게 근로자 본인의 수중에 들어가게 하여 그의 자유로운 처분에 맡기고** 나아가 **근로자의 생활을 보호하고자** 하는데 있는 것이다.

2. 임금채권 양도여부와 양수인의 지급청구 여부

근로자의 임금채권의 양도를 금지하는 법률의 규정이 없으므로 이를 양도할 수 있다.

그러나 근로기준법의 규정의 취지에 비추어 보면 근로자가 그 임금채권을 양도한 경우라 할지라도 그 임금의 지급에 관하여는 같은 원칙이 적용되어 **사용자는 직접 근로자에게 임금을 지급하지 아니하면 안 되는 것이고** 그 결과 **비록 양수인이라고 할지라도 스스로 사용자에 대하여 임금의 지급을 청구할 수는 없다고** 해석하여야 할 것이며, **그렇게 하지 아니하면 임금직접지급의 원칙을 정한 근로기준법의 규정은 그 실효를 거둘 수가 없게 될 것이다.**

020. 임금전액지급원칙과 임금채권상계(퇴직금 분할약정의 효력)

　A사와 甲이 체결한 연봉계약서에 따르면 연봉액은 기본급, 시간외근무수당 및 상여금과 함께 1년에 1개월 평균임금 상당액인 퇴직금의 1년간 지급총액과 이를 각 12등분하여 매월 분할 지급되는 금액으로 구성되어 있었고 甲은 이에 따라 매월 분할된 퇴직금액을 지급받았다.

　甲은 A사를 퇴사한 후 퇴직금을 받지 못하자, 연봉액 중 퇴직금 명목으로 기재되어 매월 지급된 돈은 퇴직금이 아니며 그 돈은 통상임금의 일부에 해당하므로 그 돈을 포함하는 퇴직 전 3개월간 지급받은 연봉액 전부를 기준으로 평균임금을 산정하여 재직기간에 따른 퇴직금을 다시 지급할 것을 청구하였다. 甲의 청구는 타당한가?

[대법원 2010. 5. 20. 선고 2007다90760 전원합의체 판결]

1. 퇴직금 분할 약정의 효력, 무효

　사용자와 근로자가 매월 지급하는 월급이나 매일 지급하는 일당과 함께 퇴직금으로 일정한 금원을 미리 지급하기로 약정(이하 '퇴직금 분할 약정'이라 한다)하였다면, 그 약정은 퇴직급여보장법 제8조 제2항 전문 소정의 퇴직금 중간정산으로 인정되는 경우가 아닌 한 **최종 퇴직 시 발생하는 퇴직금청구권을 근로자가 사전에 포기하는 것으로서 강행법규인 같은 법 제8조에 위배되어 무효이고, 그 결과 퇴직금 분할 약정에 따라 사용자가 근로자에게 퇴직금 명목의 금원을 지급하였다 하더라도 퇴직금 지급으로서의 효력이 없다.**

2. 퇴직금 분할약정에 의하여 지급한 퇴직금 명목 금원의 법적 성질, 부당이득

　근로관계의 계속 중에 퇴직금 분할 약정에 의하여 월급이나 일당과는 별도로 실질적으로 퇴직금을 미리 지급하기로 한 경우 이는 어디까지나 위 약정이 유효함을 전제로 한 것인바, 그것이 위와 같은 이유로 퇴직금 지급으로서의 효력이 없다면, **사용자는 본래 퇴직금 명목에 해당하는 금원을 지급할 의무가 있었던 것이 아니므로,** 위 약정에 의하여 이미 지급한 퇴직금 명목의 금원은 **'근로의 대가로 지급하는 임금'에 해당한다고 할 수 없다.** 이처럼 사용자가 근로자에게 퇴직금 명목의 금원을 실질적으로 지급하였음에도 불구하고 정작 퇴직금 지급으로서의 효력이 인정되지 아니할 뿐만 아니라 소정의 임금 지급으로서의 효력도 인정되지 않는다면, 사용자는 **법률상 원인 없이 근로자에게 퇴직금 명목의 금원을 지급함으로써 위 금원 상당의 손해를 입은 반면 근로자는 같은 금액 상당의 이익을 얻은 셈이 되므로, 근로자는 수령한 퇴직금 명목의 금원을 부당이득으로 사용자에게 반환하여야 한다**고 보는 것이 공평의 견지에서 합당하다.

3. 전액지급원칙의 취지

근로기준법 제43조 제1항 본문에 의하면 임금은 통화로 직접 근로자에게 그 전액을 지급하여야 하므로 사용자가 근로자에 대하여 가지는 채권으로써 근로자의 임금채권과 상계를 하지 못하는 것이 원칙이고, **이는 경제적·사회적 종속관계에 있는 근로자를 보호하기 위한 것인바, 근로자가 받을 퇴직금도 임금의 성질을 가지므로 역시 마찬가지이다.**

4. 전액지급금지원칙의 예외1, 근로자의 동의[2]

사용자가 **근로자의 동의를 얻어 근로자의 임금채권에 대하여 상계하는 경우에 그 동의가 근로자의 자유로운 의사에 터잡아 이루어진 것이라고 인정할 만한 합리적인 이유가 객관적으로 존재하는 때**에는 근로기준법에 위반하지 아니한다고 보아야 할 것이고, 다만 **임금 전액지급의 원칙의 취지에 비추어 볼 때 그 동의가 근로자의 자유로운 의사에 기한 것이라는 판단은 엄격하고 신중하게 이루어져야 한다.**

5. 전액지급금지원칙의 예외2, 조정적 상계

계산의 착오 등으로 임금을 초과 지급한 경우에, 근로자가 ① **퇴직 후 그 재직 중 받지 못한 임금이나 퇴직금을 청구**하거나, 근로자가 비록 ② **재직 중에 임금을 청구하더라도** 위 **초과 지급한 시기와 상계권 행사의 시기가 임금의 정산, 조정의 실질을 잃지 않을 만큼 근접**하여 있고 나아가 **사용자가 상계의 금액과 방법을 미리 예고하는 등**으로 **근로자의 경제생활의 안정을 해할 염려가 없는 때**에는, 사용자는 위 초과 지급한 임금의 반환청구권을 자동채권으로 하여 근로자의 임금채권이나 퇴직금채권과 상계할 수 있다고 할 것이다(대법원 2010. 5. 20. 선고 2007다90760 전원합의체 판결).

6. 퇴직금채권과 부당이득반환채권의 상계허용 범위

한편 민사집행법 제246조 제1항 제5호는 근로자인 채무자의 생활보장이라는 공익적, 사회 정책적 이유에서 '퇴직금 그 밖에 이와 비슷한 성질을 가진 급여채권의 2분의 1에 해당하는 금액'을 압류금지채권으로 규정하고 있고, 민법 제497조는 압류금지채권의 채무자는 상계로 채권자에게 대항하지 못한다고 규정하고 있으므로, **사용자가 근로자에게 퇴직금 명목으로 지급한 금원 상당의 부당이득반환채권을 자동채권으로 하여 근로자의 퇴직금채권을 상계하는 것은 퇴직금채권의 2분의 1을 초과하는 부분에 해당하는 금액에 관하여만 허용된다**고 봄이 상당하다.

---

2) 대법원 2001. 10. 23. 선고 2001다25184 판결

021. 통화지급원칙과 임금지급에 '갈음한' 채권양도합의 효력

근로자 甲은 건설회사인 A사에 입사하였다가 2009.10.26. 퇴사하면서 임금 및 퇴직금 합계 63,000,000원을 지급받지 못하였다. 甲은 2009.10.28. A사와 미수령 임금 및 퇴직금의 지급에 '갈음하여' 공사대금 합계 60,000,000원의 채권을 양도받기로 합의하였다. 甲은 양도받은 채권 일부를 추심하여 미수령 임금 및 퇴직금 일부에 충당하였는데 미수령 임금 및 퇴직금 중 아직 변제받지 못한 부분의 지급을 A사에 청구하였으나, A사는 채권양도합의로 甲의 임금 및 퇴직금 채권은 소멸하였다고 주장한다. 이에 甲은 임금 및 퇴직금 청구의 소를 제기하였다. 甲의 청구는 받아들여질 수 있는가?

[대법원 2012. 3. 29. 선고 2011다101308 판결]

1. 채권양도합의의 효력 - 원칙

임금은 법령 또는 단체협약에 특별한 규정이 있는 경우를 제외하고는 통화로 직접 근로자에게 전액을 지급하여야 한다(근로기준법 제43조 제1항). 따라서 사용자가 근로자의 **임금 지급에 '갈음하여' 사용자가 제3자에 대하여 가지는 채권을 근로자에게 양도하기로 하는 약정은 전부 무효임이 원칙이다.**

2. 예외 : 무효행위 전환 법리의 적용

다만 당사자 쌍방이 위와 같은 무효를 알았더라면 임금의 지급에 갈음하는 것이 아니라 **그 지급을 위하여 채권을 양도하는 것을 의욕하였으리라고 인정될 때에는 무효행위 전환의 법리(민법 제138조)[3]에 따라 그 채권양도 약정은 임금의 지급을 위하여 한 것으로서 효력을 가질 수 있다.** 따라서 무효행위의 전환 법리에 따라 임금 및 퇴직금의 지급에 갈음하는 것이 아니라 그 지급을 위한 것이라고 보게 되는 경우에는 그 법리에 따라 **원래의 미수령 임금 및 퇴직금 중 아직 변제받지 못한 부분을 회사에 대하여 청구할 수 있다고 보아야 할 것이다.**

---

3) 제138조(무효행위의 전환) 무효인 법률행위가 다른 법률행위의 요건을 구비하고 **당사자가 그 무효를 알았더라면** 다른 법률행위를 하는 것을 의욕하였으리라고 인정될 때에는 다른 법률행위로서 효력을 가진다.

022. 임금채권 우선변제

A은행은 B사에 그 소유인 토지에 관하여 채권최고액 5,200,000,000원으로 된 근저당권을 설정하고 대출하였다가 변제받지 못하였다. A은행은 위 대출금 회수를 위하여 법원에 임의경매신청을 하여 2,635,559,975원이 실제 배당할 금액으로 정하여졌다. 甲을 비롯한 B사 근로자들과 B사의 근로계약관계는 2003. 10월경 종료하였는데, 위 배당절차에서 B사 근로자들은 2004. 1. 10. B사에 대하여 체불된 최종 3월분의 임금으로서 2003. 7월분, 9월분, 10월분 급여를 합하여 65,819,984원 상당 채권에 대하여 배당요구를 하였다. 2003. 8월분 급여는 지급 받았으므로 포함하지는 않았다. 최우선 변제되는 임금채권의 범위에 대하여 검토하시오.

[대법원 2008. 6. 26. 선고 2006다1930 판결]

1. 최우선변제 조항의 취지

근로기준법 제38조 제2항은 **근로자의 최저생활을 보장하고자 하는 공익적 요청에서 일반 담보물권의 효력을 일부 제한하고 최종 3개월분의 임금과 재해보상금에 해당하는 채권의 우선변제권을 규정한 것**이므로, **합리적 이유나 근거 없이 적용 대상을 축소하거나 제한하는 것은 허용되지 않는다.**

2. 최종 3개월분의 임금의 범위

우선변제의 특권의 보호를 받는 임금채권의 범위는, 임금채권에 대한 근로자의 배당요구 당시 근로자와 사용자의 근로계약관계가 이미 종료하였다면 **그 종료시부터 소급하여 3개월 사이에 지급 사유가 발생한 임금 중 미지급분**을 말한다.

따라서 '최종 3월분의 임금'은 근로계약관계 종료 시점으로부터 소급하여 3개월 이내인 2003. 8월분, 9월분 및 10월분 급여 및 상여금이고 근로자들이 2003. 8월분급여를 지급받았다고 하여 그 이전에 지급사유가 발생한 2003. 7월분 급여가 여기에 포함되는 것은 아니므로 배당금액 중 2003. 7월분 급여에 해당하는 금원에 대한 배당은 위법하다.

근로시간과 휴식

023. 포괄임금계약의 유효요건과 무효인 포괄임금계약의 효과

甲은 국방부 산하 해군복지근무지원단(이하 'A지원단')이 운영하는 식당에서 조리사로 근무한 근무원이다. A지원단은 실제 근로한 연장근로시간을 산정함 없이 근무원급여지침에 따라 결정된 등급을 기준으로 '시간외근무수당' 명목으로 정액을 지급하였다. 이에 甲은 위 '시간외근무수당' 명목의 지급 금원이 실제로 연장근로한 시간을 기준으로 근기법상의 가산임금 규정에 기하여 계산한 금원에 미치지 못한다고 주장하면서 대한민국정부를 상대로 그 차액에 상당하는 금원의 지급을 구하는 소를 제기하였다. 甲이 청구한 소는 받아들여질 수 있겠는가?

[대법원 2010. 5. 13. 선고 2008다6052 판결]

1. 근로기준법상 임금 산정의 원칙

근로기준법 제17조는 "사용자는 근로계약 체결시에 근로자에 대하여 임금, 근로시간 기타의 근로조건을 명시하여야 한다. 이 경우 임금의 구성항목, 계산방법 및 지불방법에 관한 사항에 대하여는 대통령령으로 정하는 방법에 따라 명시하여야 한다."고 규정하고, **같은 법 제56조**는 연장근로와 야간근로 또는 휴일근로에 대하여는 통상임금의 100분의 50 이상을 가산한 임금을 지급하여야 한다고 규정하고 있는데, 이러한 규정들과 통상임금에 관하여 정하고 있는 근로기준법 시행령 제6조의 규정 등에 의하면, **사용자는 근로계약을 체결함에 있어서 기본임금을 결정하고 이를 기초로 하여 근로자가 실제로 근무한 근로시간에 따라 시간외근로·야간근로·휴일근로 등이 있으면 그에 상응하는 시간외근로수당·야간근로수당·휴일근로수당 등의 법정수당을 산정하여 지급함이 원칙이라 할 것이다.**

2. 포괄임금약정의 의의 및 유효요건

이러한 **원칙적인 임금지급방법은 근로시간 수의 산정을 전제로 한 것인데,** 예외적으로 감시단속적 근로 등과 같이 근로시간, **근로형태와 업무의 성질을 고려할 때 근로시간의 산정이 어려운 것으로 인정되는 경우**가 있을 수 있고, 이러한 경우에는 사용자와 근로자 사이에 ① **기본임금을 미리 산정하지 아니한 채 법정수당까지 포함된 금액을 월급여액이나 일당임금으로 정하**

거나 ② 기본임금을 미리 산정하면서도 법정 제 수당을 구분하지 아니한 채 일정액을 법정 제 수당으로 정하여 이를 근로시간 수에 상관없이 지급하기로 약정하는 내용의 이른바 포괄임금제에 의한 임금 지급계약을 체결하더라도

그것이 달리 근로자에게 불이익이 없고 여러 사정에 비추어 정당하다고 인정될 때에는 유효하다 할 것이다. 그러나 근로시간의 산정이 어려운 경우가 아니라면 근로기준법상의 근로시간에 따른 임금지급의 원칙이 적용되어야 할 것이므로, 이러한 경우에도 포괄임금제 방식의 임금 지급계약을 체결하는 것은 그것이 근로기준법이 정한 근로시간에 관한 규제를 위반하는 이상 허용될 수 없다.

3. 포괄임금계약이 무효인 경우

한편 근로기준법 제15조에서는 근로기준법에 정한 기준에 미치지 못하는 근로조건을 정한 근로계약은 그 부분에 한하여 무효로 하면서(근로기준법의 강행성) 그 무효로 된 부분은 근로기준법이 정한 기준에 의하도록 정하고 있으므로(근로기준법의 보충성), 근로시간의 산정이 어려운 등의 사정이 없음에도 포괄임금제 방식으로 약정된 경우 그 포괄임금에 포함된 정액의 법정수당이 근로기준법이 정한 기준에 따라 산정된 법정수당에 미달하는 때에는 그에 해당하는 포괄임금제에 의한 임금지급계약 부분은 근로자에게 불이익하여 무효라 할 것이고, 사용자는 근로기준법의 강행성과 보충성 원칙에 의해 근로자에게 그 미달되는 법정수당을 지급할 의무가 있다.

甲은 건설업을 영위하는 A사 건설일용근로자이다. 甲은 1일 근로시간을 9시간으로, 계약기간을 단기간으로 정하여 반복적으로 근로계약서를 작성하여 2012. 11. 5.부터 2014. 7. 31까지 1년이 넘는 기간 계속적으로 건설현장에서 일 해왔다. 위 근로계약서에는 근로시간과 일당만이 기재되어 있고 수당 등을 포함한다는 취지의 기재는 전혀 없으며, "본 계약서에 명시되지 않은 사항은 근로기준법 등 관계법규에 따른다."고 기재되어 있다. 또한 甲의 근로형태와 업무의 성질에 비추어 볼 때 그 근로관계가 근로시간이 불규칙하거나 감시·단속적이거나 또는 교대제·격일제 등의 형태여서 실제 근로시간의 산출이 어렵거나 당연히 연장·야간·휴일근로가 예상되는 경우는 아니다. A사는 연장근로에 대하여 포괄임금계약이 체결되었음을 이유로 별도의 연장근로수당을 지급하지 않았다. 이에 甲은 미지급된 연장근로수당을 청구하였으나 A사가 이를 지급하지 않자 검사는 근기법 제43조 위반으로 공소제기 하였다. 사안에서 포괄임금 약정이 성립된 것으로 볼 수 있는가?

[대법원 2016. 10. 13. 선고 2016도1060 판결]

1. 일반적 판단기준

포괄임금제에 관한 약정이 **성립하였는지 여부는 근로시간, 근로형태와 업무의 성질, 임금 산정의 단위, 단체협약과 취업규칙의 내용, 동종 사업장의 실태 등 여러 사정을 전체적·종합적으로 고려하여 구체적으로 판단하여야 한다.**

2. 묵시적 합의

이때 단체협약이나 취업규칙 및 근로계약서에 포괄임금이라는 취지를 명시하지 않았음에도 **묵시적 합의에 의한 포괄임금약정이 성립하였다고 인정하기 위해서는, 근로형태의 특수성**으로 인하여 **실제 근로시간을 정확하게 산정하는 것이 곤란하거나 일정한 연장·야간·휴일근로가 예상되는 경우 등 실질적인 필요성이 인정될 뿐 아니라, 근로시간, 정하여진 임금의 형태나 수준 등 제반 사정에 비추어 사용자와 근로자 사이에 그 정액의 월급여액이나 일당임금 외에 추가로 어떠한 수당도 지급하지 않기로 하거나 특정한 수당을 지급하지 않기로 하는 합의가 있었다고 객관적으로 인정되는 경우이어야 할 것이다.**

이 사건 근로계약서에 근로시간과 일당만이 기재되어 있고 수당 등을 포함한다는 취지의 기재는 전혀 없으며, '본 계약서에 명시되지 않은 사항은 근로기준법 등 관계법규에 따른다.'고 기재되어 있는 점, 이 사건 근로형태와 업무의 성질상 그 근로관계가 근로시간이 불규칙하거나 감시·단속적이거나 또는 교대제·격일제 등의 형태여서 실제 근로시간의 산출이 어렵거나 당연히 연장·야간·휴일 근로가 예상되는 경우라고는 보이지 아니하는 점 등을 종합하여 보면, **위 근로계약과 별도로 포괄임금계약이 체결되었다고 보기 어렵고,** 따라서 피고인이 임금을 지급하지 않은 사실 및 임금체불의 고의가 인정된다는 이유로 이 사건 공소사실을 유죄로 판단하였다.

025. 근로시간과 휴게시간의 판단

　甲은 숙직경비 등을 목적으로 설립된 A사와 고용계약을 체결한 다음, 2009. 6. 1.부터 2009. 12. 21.까지는 ○○초등학교에서 경비원으로 근무하였다. 甲과 A사가 체결한 근로계약서에 따르면, 甲의 근로시간은 "평일 17:00~다음날 08:00"로 규정되어 있고 이 중 휴게시간은 "18:00~19:00(식사시간) 및 21:00~다음날 06:00(가면휴게시간)"이라 규정되어 있고, 甲의 급여는 휴게시간을 제외하고 근로시간에 최저시급을 곱한 금액으로 구성되어 있다. 甲의 업무는 평일 일과 후와 주말에 방범, 방호를 위한 경비 또는 순찰을 하는 것으로서 감시적(監視的) 근로에 해당한다. ○○초등학교는 휴식이나 수면이 가능한 당직실이 마련되어 있어 甲은 휴게시간 동안 장소적으로 독립된 공간에서 휴식을 취할 수 있었다. ○○초등학교는 1차적으로 경비 업무를 담당하는 무인전자경비시스템이 설치되어 있어, 무인전자경비시스템이 작동되면 甲으로서는 달리 할 일이 거의 없었다. 또한 A사는 근무 중에 甲에게 개별적·구체적으로 경비 또는 순찰을 지시하거나 근무상황을 감독하거나 별도의 보고를 요구한 적이 거의 없고, 甲의 근무기간 동안 화재, 도난 등 긴급한 상황이 발생한 경우도 없었다. A사를 퇴사한 甲은 근로계약서 상의 가면휴게시간은 사실상 근로시간에 해당한다고 주장하며 이에 대한 임금청구의 소를 제기하였다. 甲의 청구는 타당한가?

[대법원 2017. 12. 5. 선고 2014다74254 판결]

1. 근로시간과 휴게시간의 의의

　근로시간이란 근로자가 사용자의 지휘·감독을 받으면서 근로계약에 따른 근로를 제공하는 시간을 말하고, **휴게시간이란 근로시간 도중에 사용자의 지휘·감독으로부터 해방되어 근로자가 자유로이 이용할 수 있는 시간**을 말한다.

2. 근로시간과 휴게시간의 구분

　따라서 근로자가 작업시간 도중에 실제로 작업에 종사하지 않는 **휴식시간이나 대기시간이라 하더라도 근로자의 자유로운 이용이 보장되지 않고 실질적으로 사용자의 지휘·감독을 받는 시간은 근로시간에 포함된다고 보아야 한다.** 근로계약에서 정한 **"휴식시간이나 대기시간이 근로시간에 속하는지 휴게시간에 속하는지"**는 특정 업종이나 업무의 종류에 따라 일률적으로 판단할 것이 아니다.

　이는 **근로계약의 내용이나 해당 사업장에 적용되는 취업규칙과 단체협약의 규정, 근로자가 제공하는 업무 내용과 해당 사업장의 구체적 업무 방식, 휴게 중인 근로자에 대한 사용자의 간섭이나 감독 여부, 자유롭게 이용할 수 있는 휴게 장소의 구비 여부, 그 밖에 근로자의 실질**

적 휴식이 방해되었다거나 사용자의 지휘·감독을 인정할 만한 사정이 있는지와 그 정도 등 여러 사정을 종합하여 개별 사안에 따라 구체적으로 판단하여야 한다.

　다음과 같은 사정들을 종합적으로 고려하여 보면, **이 사건 고용계약상의 휴게시간의 실질이 근로시간 또는 근로시간으로 간주할 수 있는 대기시간에 해당한다고 보기 어렵다.** ① 당직실이 마련되어 있어 학교 내지 도서관이기는 하나 장소적으로 독립된 공간에서 휴식이 가능하였다. ② 무인전자경비시스템이 설치되어 있어 무인전자경비시스템이 1차적으로 경비 업무를 담당하고 있다. 이러한 무인전자경비시스템이 작동되면 원고도 마음대로 돌아다닐 수 없게 되어 달리 할 일이 거의 없었을 것으로 보인다. ③ 피고가 원고의 근무 중 개별적·구체적으로 경비 또는 순찰을 지시하거나 원고의 근무상황을 감시 혹은 별도의 보고를 요구한 흔적이 없다. ④ 원고의 업무에 대한 피고의 간섭이나 구체적인 지휘·감독이 없었기에 원고는 순찰 점검 시간이나 휴식·수면시간을 사실상 어느 정도 자유롭게 선택할 수 있었다.(중략)

026. 연차유급휴가의 출근율 산정

A공사(도시철도공사)는 2004년 7월경 근로자 甲이 불법 파업한 사실을 징계사유로 하여 직위해제처분을 하였고, 2004년도 연차휴가근로수당 지급과 관련하여 취업규칙에 근거하여 직위해제기간을 결근으로 처리함으로써 甲에게 연차휴가근로수당을 지급하지 아니하였다.

연차유급휴가와 관련하여 A공사의 취업규칙은 "소속 근로자의 휴가기간은 출근한 것으로 보되, 다만, 계산기간 중 직위해제 또는 정직 등이 없는 경우를 개근이라 하며 근로자의 귀책에 따른 직위해제나 정직 등은 결근처리 한다."라고 규정하고 있다.

甲은 퇴사 후 2005. 4. 11.경 관할 노동청에 직위해제기간을 근로일수에서 제외하고 그 나머지 근로일수를 기준으로 연차휴가근로수당을 지급하여야 함에도 A공사가 이를 간과한 채 해당 연차휴가근로수당을 지급하지 아니함으로써 근로기준법 제60조를 위반하였다는 취지의 진정을 제기하였다. 甲의 주장은 타당한가?

[대법원 2008. 10. 9. 선고 2008다41666 판결]

1. 연차유급휴가의 취지

연차유급휴가는 근로자에게 일정기간 근로의무를 면제함으로써 정신적·육체적 휴양의 기회를 제공하고 문화적 생활의 향상을 기하려는 데 그 의의가 있다.

2. 출근율 산정방법

이러한 연차유급휴가는 근로자가 사용자에게 근로를 제공하는 관계에 있다는 사정만으로 당연히 보장받을 수 있는 것이 아니라, **1년간 8할 이상 출근하였을 때 비로소 부여받을 수 있는 것**이므로 다른 특별한 사정이 없는 한 **이는 1년간의 근로에 대한 대가**라고 볼 수 있고, 근로자가 **1년간 80% 이상 출근하였는지 여부**는, 1년간의 총 역일에서 법령·단체협약·취업규칙 등에 의하여 근로의무가 없는 것으로 정해진 날을 뺀 일수(**연간소정근로일수**) 중 근로자가 현실적으로 근로를 제공한 출근일수의 비율, 즉 출근율을 기준으로 판단하여야 한다.

3. 정직·직위해제 기간의 출근율 산정

정직이나 직위해제 등의 징계를 받은 근로자는 징계기간 중 근로자의 신분을 보유하면서도 근로의무가 면제되므로, **사용자는 취업규칙에서 근로자의 정직 또는 직위해제 기간을 소정 근로일수에 포함시키되 그 기간 중 근로의무가 면제되었다는 점을 참작하여 연차유급휴가 부여에 필**

요한 출근일수에는 포함하지 않는 것으로 규정할 수 있고, 이러한 취업규칙의 규정이 **근로기준법 제60조에 반하여 근로자에게 불리한 것이라고 보기는 어렵다.**

취업규칙의 규정에 따라 정직 및 직위해제 기간을 출근일수에 산입하지 아니한 것이 부당하지 아니하다고 판단한 것은 수긍이 가고, 거기에 상고이유에서 주장하는 것과 같은 취업규칙의 효력에 관한 법리오해 등의 위법이 없다. 그러므로 상고를 기각하고, 상고비용은 패소자의 부담으로 하여 관여 대법관의 일치된 의견으로 주문과 같이 판결한다.

A사 소속 근로자로 이루어진 B노동조합은 2008. 1. 23.부터 2008. 9. 12.까지 정당한 파업을 하였고, 이에 따라 파업에 참가한 조합원 甲은 위 기간 중 일부 기간에 A사에 근로를 제공하지 않았다.

A사는 甲이 2008. 1. 1.부터 2008. 12. 31.까지 근로한 것에 대한 연차휴가를 산정함에 있어, 일반적으로 근로의무가 있는 '정상 소정근로일수'에서 파업기간을 제외한 소정근로일수를 기준으로 8할 이상 출근하였는지를 따지되, 위 8할 이상 출근율 요건을 충족하는 경우 甲의 근속연수에 상응하는 연차유급일수에 부여율(%)[= (정상 소정근로일수 − 파업참가일수)/정상 소정근로일수 × 100]을 곱하여 연차휴가일수를 산출한 다음, 위 휴가일수를 기초로 미사용 연차휴가에 대한 연차휴가미사용수당을 산정하여 甲에게 지급하였다. 그러나 甲은 연차유급일수 산정이 위법함을 주장하고 있다. 甲의 주장은 타당한가?

[대법원 2013. 12. 26. 선고 2011다4629 판결]

1. 출근율 산정방법

(1) 연간소정근로일수의 의미
연간 소정근로일수는 본래 사용자와 근로자 사이에 **평상적인 근로관계, 즉 근로자가 사용자에게 근로를 제공하여 왔고 또한 계속적인 근로제공이 예정되어 있는 상태를 전제로 한 것**이다.

(2) 결근처리 및 출근간주 불가
근로자가 정당한 쟁의행위를 하여 현실적으로 근로를 제공하지 아니한 경우, 쟁의행위 등은 헌법이나 법률에 의하여 보장된 근로자의 **정당한 권리행사**이고 그 권리행사에 의하여 쟁의행위 등 기간 동안 근로관계가 정지됨으로써 **근로자는 근로의무가 없으며**, 쟁의행위 등을 이유로 **근로자를 부당하거나 불리하게 처우하는 것이 법률상 금지**되어 있으므로 근로자가 본래 연간 소정근로일수에 포함되었던 **쟁의행위 등 기간 동안 근로를 제공하지 아니하였다 하더라도 이를 두고 근로자가 결근한 것으로 볼 수는 없다.** 그런데 다른 한편 그 기간 동안 근로자가 **현실적으로 근로를 제공한 바가 없고**, 관련 법령에서 그 기간 동안 근로자가 **"출근한 것으로 본다."**는 규정을 두고 **있지도 아니하므로**, 이를 두고 근로자가 **출근한 것으로 의제할 수도 없다.**

(3) 출근율 산정
이러한 경우에는 연차유급휴가제도의 취지 및 관련 법령 등을 종합적으로 고려하여 **연간 소정근**

로일수에서 쟁의행위 등 기간이 차지하는 일수를 제외한 나머지 일수를 기준으로 근로자의 출근율을 산정하여 연차유급휴가 취득 요건의 충족 여부를 판단하되,

2. 연차휴가일수의 산정

그 요건이 충족된 경우에는 본래 평상적인 근로관계에서 8할의 출근율을 충족할 경우 산출되었을 연차유급휴가일수에 대하여 '연간 소정근로일수에서 쟁의행위 등 기간이 차지하는 일수를 제외한 나머지 일수'를 '연간 소정근로일수'로 나눈 비율을 곱하여 산출된 연차유급휴가일수를 근로자에게 부여함이 합리적이다.

인사와 징계

028. 전직명령의 정당성 판단

A사가 영위하는 경방직업 분야는 동남아를 비롯한 신흥개발국들의 저렴한 노동력과 원자재를 바탕으로 한 도전으로 인하여 점점 국제경쟁력이 떨어지는데다가 국내 산업 전반의 불경기가 A사에까지 영향을 미치게 되었다. 그래서 A사는 경영사정의 악화로 대내외적인 경영개선이 필요하여 모든 부서에 걸쳐 불필요한 잉여인력을 남겨둘 수 없게 되었다. 또한 동일한 시기에 전기사업법 시행규칙의 개정에 따라 유자격의 전기안전관리원을 채용할 필요성이 있었다. 이에 따라 A사는 유자격의 전기안전관리원 1명을 새로이 채용하고 전기안전관리원 자격이 없는 甲을 춘천 공장의 변전실 근무에서 서울 본사의 서무과 서무주임으로 승진·발령하였다.

甲은 가족과 함께 춘천에 정착·생활하고 있었는데 전직명령으로 인하여 무연고지인 서울 본사로 배치전환되었다. 서울 본사에는 생활근거지가 서울이 아닌 근로자를 위한 기숙사 등의 편의시설이 전혀 없고 원거리 출퇴근 근로자를 위한 교통비 보조 등의 제도도 없었다. 나아가 A사는 배치전환 관련 甲과 어떠한 사전 협의도 진행하지 않은 바 있다. 甲은 이러한 인사처분이 부당하다며 거부했고 A사는 무단결근을 이유로 甲을 해고하였다. 이에 甲은 해고의 효력을 다투는 소를 제기하였다. 甲에 대한 배치전환명령은 정당한가?

[대법원 1995. 10. 13. 선고 94다52928 판결]

1. 배치전환명령의 법적 근거

근로자에 대한 전보나 전직은 원칙적으로 **인사권자인 사용자의 권한에 속하므로 업무상 필요한 범위 내에서는 사용자는 상당한 재량을 가지며,** 그것이 근로기준법에 위반되거나 권리남용에 해당되는 등의 특별한 사정이 없는 한 유효다.

2. 정당성 판단

전보처분 등이 권리남용에 해당하는지 여부는 전보처분 등의 **업무상의 필요성**과 전보 등에 따른 근로자의 **생활상의 불이익을 비교·교량하여 결정**되어야 하고, **업무상의 필요에 의한 전보 등에 따른 생활상의 불이익이 근로자가 통상 감수하여야 할 정도를 현저하게 벗어난 것이 아니**

라면, 이는 정당한 인사권의 범위 내에 속하는 것으로서 권리남용에 해당하지 않는다.

(1) 업무상 필요성

사용자가 전직처분 등을 함에 있어서 요구되는 **업무상의 필요란 인원 배치를 변경할 필요성이 있고 그 변경에 어떠한 근로자를 포함시키는 것이 적절할 것인가 하는 인원 선택의 합리성을 의미하는데**, 여기에는 업무능률의 증진, 직장질서의 유지나 회복, 근로자 간의 인화 등의 사정도 포함된다.

(2) 생활상의 불이익과 비교형량

생활상 불이익은 **근로조건상의 불이익은 물론, 가족 · 사회생활 등 근로조건 외의 불이익도 포함하는데**, 전직의 정당성이 인정되기 위해서는 업무상 필요성과 생활상의 불이익이 근로자가 통상 감수하여야 할 정도를 현저하게 벗어난 것이 아니라면 이는 정당한 인사권의 범위 내에 속하는 것으로서 권리남용에 해당하지 않는다.

(3) 신의칙상 협의절차

전직을 함에 있어 근로자 본인과 **성실한 협의 등 신의칙상 요구되는 절차를 거쳤는지도 정당한 인사권의 행사 여부를 판단하는 하나의 요소**가 된다. 그러나 **그러한 절차를 거치지 아니하였다는 사정만으로 전직 명령이 권리남용에 해당하여 당연히 무효가 되는 것은 아니다.**

029. 전적명령의 정당성 판단

D그룹은 그 산하에 A회사를 비롯한 26개의 계열회사를 두고 있다. D그룹은 약 20년 동안 계열회사간의 원활한 인력수급조정을 목적으로 그룹차원에서 일괄채용한 다음, 이들을 각 계열회사에 배정하고 각 계열회사별로 인력의 과부족현황을 파악하여 그 충원계획을 수립하여 왔다. D그룹의 대졸 관리사원 공채로 채용되어서 A사에 배치되어 근무하던 甲은 D그룹의 다른 계열사인 B사로의 전출명령을 받았다. D그룹은 甲을 채용 시 "전근, 출장 기타 귀사의 명령에 대해서는 불평없이 절대 복종하겠습니다."라는 서약서를 받아두었기 때문에 전출명령 당시 甲과 아무런 협의절차도 거치지 아니하였다. 이에 甲은 전출명령을 거부하였다는 등의 이유로 해고되어 그 효력을 다투는 소를 제기하였다. 甲에 대한 전출명령은 정당한가?

[대법원 1993. 1. 26. 선고 92다11695 판결]

1. 전적의 유효요건, 근로자의 동의

동일기업 내의 인사이동인 전근이나 전보와 달라 특별한 사정이 없는 한 **근로자의 동의를 얻어야 효력이 생기는 것인바**, 근로자의 동의를 전적의 요건으로 하는 이유는 근로관계에 있어서 **업무지휘권의 주체가 변경됨으로 인하여 근로자가 받을 불이익을 방지하려는 데에 있다.**

2. 포괄적 사전동의

(1) 허용 요건

다양한 업종과 업태를 가진 계열기업들이 기업그룹을 형성하여 자본·임원의 구성·근로조건 및 영업 등에 관하여 일체성을 가지고 경제활동을 전개하고, 그 그룹내부에서 계열기업간의 인사교류가 동일기업 내의 인사이동인 전보나 전근 등과 다름없이 **일상적·관행적으로 빈번하게 행하여져 온 경우, 사용자가 기업그룹 내부의 이와 같은 전적에 관하여 미리(근로자가 입사할 때 또는 근무하는 동안에) 근로자의 포괄적인 동의를 얻어 두면, 그때마다 근로자의 동의를 얻지 아니하더라도 근로자를 다른 계열기업으로 유효하게 전적시킬 수 있다고 보아야 할 것이다.**

(2) 사전 동의의 대상과 방법

근로기준법 제17조 규정취지에 비추어볼 때, 사용자가 기업그룹 내의 전적에 관하여 근로자의 포괄적인 사전동의를 받는 경우에는 **전적할 기업을 특정하고(복수기업이라도 좋다) 그 기업에서 종사하여야 할 업무에 관한 사항 등의 기본적인 근로조건을 명시하여 근로자의 동의를 얻어야 된다.**

3. 관행의 인정여부

사용자가 근로자의 **동의를 얻지 아니하고 기업그룹 내의 다른 계열회사로 근로자를 전적시키는 관행이 있어서 그 관행이 근로계약의 내용을 이루고 있다고 인정하기 위하여는** 그와 같은 **관행이 기업사회에서 일반적으로 근로관계를 규율하는 규범적인 사실로서 명확히 승인되거나, 기업의 구성원이 일반적으로 아무런 이의도 제기하지 아니한 채 당연한 것으로 받아들여 기업 내에서 사실상의 제도로서 확립되어 있지 않으면 안된다.**

"전근, 출장 기타 귀사의 명령에 대해서는 불평없이 절대 복종하겠습니다."라고 기재된 부분이 있기는 하지만, 피고 회사의 업무지휘권에 따르겠다는 의사를 표시한 것에 지나지 아니할 뿐, 피고 회사와의 근로계약을 종료시키는 전적에 관하여도 **포괄적으로 동의를 한 것으로 볼 수는 없다.** 계열회사간의 전적이 20여 년간 계속 시행되어 왔고 현존 관리직사원의 30% 이상이 위와 같이 전적된 경력을 가지고 있다고 하더라도, 사용자가 당해 사원의 동의를 얻지 아니하고 일방적으로 다른 계열회사로 전적시키는 **관행이 규범적인 사실로서 명확히 승인되었거나 사실상의 제도로서 확립되어 있다고 단정하기 어렵다.**

030. 대기발령의 정당성 판단

甲은 1986. 1. A사에 입사한 다음 1989.경부터는 같은 회사의 기술연구소 내 차량실험실에서 근무하기 시작하였다. 그 후 A사는 회사의 경영이 어려워지자 1998. 10. 14. 甲을 영업팀으로 전보하는 처분을 하였다가, 2000. 12. 1. 경영상 과원을 이유로 대기발령을 하였다.

한편 2002. 8. 7. 설립된 B사는 2002. 10.경 A사의 부평공장 일부, 창원공장, 군산공장을 자산양수도 방식으로 인수하였고, 그 소속의 근로자들에 대하여는 A사를 퇴사하고, B사에 재입사하는 형식을 취하여 고용관계를 그대로 승계하기로 하였다. B사는 위와 같은 방침에 따라 2002. 10. 11. 甲에게도 'A사와 동일한 근로조건(급여와 후생 등) 하에 A사에서 근무하던 부서에서 동일한 직무를 수행하는 조건으로 근로자들을 신규로 고용하되 B회사는 A회사의 퇴직금 지급의무만을 승계하고, 근로자들은 B회사를 상대로는 A회사와의 고용관계 및 A회사로부터의 퇴사와 관련하여 발생하는 어떠한 권리주장이나 청구를 하지 않을 것에 동의한다.'는 취지의 내용의 담긴 고용제안서를 제시하였다. 이에 甲은 '장기간(20개월 이상) 대기발령 관련 정당한 권리주장을 할 것'이라는 취지의 문구를 추가 기재하여 제출하였다가 아무런 대답을 듣지 못하였다.

B사의 취업규칙 제67조 제11호는 '대기발령된 자가 3개월이 경과되도록 보직되지 아니한 때에는 해고한다'고 규정하고 있는데도 甲은 2000. 12. 1. A사로부터 대기발령을 받은 이래, A사가 고용승계를 한 2002. 10. 이후에도 보직을 부여받지 못한 채 기본급만 지급받아 오고 있다. 이에 甲은 B사를 상대로 대기발령 등의 효력을 다투는 소를 제기하였다. 甲에 대한 대기발령은 정당한가?

[대법원 2007. 2. 23. 선고 2005다3991 판결]

1. 직위해제처분의 법적근거

기업이 그 활동을 계속적으로 유지하기 위하여는 노동력을 재배치하거나 그 수급을 조절하는 것이 필요불가결하므로, **대기발령을 포함한 인사명령은 원칙적으로 인사권자인 사용자의 고유권한에 속한다 할 것이고, 따라서 이러한 인사명령에 대하여는 업무상 필요한 범위 안에서 사용자에게 상당한 재량을 인정하여야 하지만,**

2. 정당성 판단

사용자가 대기발령 근거규정에 의하여 일정한 대기발령 사유에 따라 근로자에게 대기발령을 한 것이 정당하여야 하며,[4] 정당한 인사권 범위 내에 속하는지 여부는 직위해제의 업무상 필요성과 그에

---

4) 대법원 2007. 2. 23. 선고 2005다3991 판결.

따른 근로자의 생활상의 불이익과의 비교교량, 근로자와의 협의 등 대기발령을 하는 과정에서 신의칙상 요구되는 절차를 거쳤는지 여부 등에 의하여 결정되어야 하며, 근로자 본인과 성실한 협의절차를 거쳤는지의 여부는 정당한 인사권의 행사인지의 여부를 판단하는 하나의 요소라고는 할 수 있으나 협의절차를 거치지 아니하였다는 사정만으로 대기발령이 권리남용에 해당되어 당연히 무효가 된다고는 볼 수 없다.

3. 기간의 적정성

사용자가 대기발령 근거규정에 의하여 일정한 대기발령 사유의 발생에 따라 **근로자에게 대기발령을 한 것이 정당한 경우라고 하더라도** 당해 대기발령 규정의 설정 목적과 그 실제 기능, 대기발령 유지의 합리성 여부 및 그로 인하여 근로자가 받게 될 신분상·경제상의 불이익 등 구체적인 사정을 모두 참작하여 **그 기간은 합리적인 범위 내에서 이루어져야 하는 것이고,**

만일 대기발령을 받은 근로자가 상당한 기간에 걸쳐 근로의 제공을 할 수 없다거나, 근로제공을 함이 매우 부적당한 경우가 아닌데도 **사회통념상 합리성이 없을 정도로 부당하게 장기간 동안 대기발령 조치를 유지하는 것은 특별한 사정이 없는 한 정당한 이유가 있다고 보기 어려우므로 그와 같은 조치는 무효**라고 보아야 할 것이다.

이 사건의 경우, **A사가 경영형편상 과원을 이유로 이 사건 인사대기처분을 한 것 자체는 업무상 필요한 범위 안에서 이루어진 것으로서 정당한 이유가 있었다고 보더라도** 그 이후 장기간에 걸쳐 인사대기처분을 그대로 유지하고 있다가 B가 2002. 10. 11.경 사실상 A사와 甲 사이의 고용관계를 그대로 승계하면서 甲과 명시적으로 고용계약까지 체결한 이상 경영형편상 과원이라고 보기도 어려우므로 원고에 대한 대기발령 사유는 일응 해소되었다고 볼 것인데, 그 이후에도 甲에게 아무런 직무도 부여하지 않은 채 기본급 정도만을 수령하도록 하면서 **장기간 대기발령 조치를 그대로 유지한 것은 특별한 사정이 없는 한 정당한 사유가 있다고 보기 어렵다** 할 것이다.

031. 휴직명령의 정당성 판단

甲은 1986. 1. A사에 입사하여 근무하던 중 1998.8.6. 업무상 배임의 혐의로 구속되었고, A사는 인사규정 제33조 제3호(형사사건으로 구속 또는 기소되었을 때에는 판결확정 후 1월까지 휴직명령을 할 수 있다.)에 따라 1998.8.14. 甲에게 휴직명령을 하였다. 甲은 같은 해 9.1. 검사의 구속취소로 석방된 후 배임죄로 불구속 기소되자 그 무렵 A사에 복직을 신청하였으나 A사는 이를 받아들이지 아니하였다.

위 형사사건에 대해 대법원은 2001.4.27. 위 항소심판결을 파기환송하였고, 환송 후 항소심은 같은 해 7.20. 甲에 대하여 무죄를 선고하였으며, 그 판결은 같은 달 28. 확정되었다.

한편 A사는 무죄판결이 확정된 후인 2001.8.20. 甲을 복직시켰으나, 같은 날 인사위원회를 개최하여 甲에 대해 대기발령을 하였다가 2002.1.3. 대기발령사유가 해소되자 대기발령을 해제하고 甲을 A사의 목포지부에서 근무하도록 명했다. 이에 甲은 1998.9.1. 이후에도 휴직명령을 지속한 것은 정당성이 없다고 주장한다. 甲의 주장은 타당한가?

[대법원 2005. 2. 18. 선고 2003다63029 판결]

휴직명령의 정당성 판단기준

근로기준법 제23조 제1항에서 사용자는 근로자에 대하여 정당한 이유 없이 휴직하지 못한다고 제한하고 있는 취지에 비추어 볼 때, 사용자의 취업규칙이나 단체협약 등의 휴직근거규정에 의하여 사용자에게 일정한 휴직사유의 발생에 따른 휴직명령권을 부여하고 있다 하더라도 그 정해진 사유가 있는 경우 당해 휴직규정의 설정 목적과 그 실제 기능, 휴직명령권 발동의 합리성 여부 및 그로 인하여 근로자가 받게 될 신분상·경제상의 불이익 등 구체적인 사정을 모두 참작하여 **근로자가 상당한 기간에 걸쳐 근로의 제공을 할 수 없다거나, 근로제공을 함이 매우 부적당하다고 인정되는 경우에만 정당한 이유가 있다고 보아야 한다.**

근로자가 형사사건으로 구속되었다가 불구속 기소된 이상 사용자의 인사규정에서 정한 명령휴직의 사유 그 자체는 발생하였다고 할 것이고 근로자가 석방되기 전까지는 상당한 기간에 걸쳐 근로의 제공을 할 수 없는 경우에 해당하므로 위 근로자에 대한 사용자의 명령휴직처분에는 정당한 이유가 있다고 볼 수 있으나, **구속취소로 석방된 후에는 근로자가 상당한 기간에 걸쳐 근로의 제공을 할 수 없는 경우에 해당한다고 할 수 없고** 명령휴직규정의 설정 목적 등 제반 사정에 비추어 볼 때 근로자가 근로를 제공함이 매우 부적당한 경우라고도 볼 수 없어 위 명령휴직처분을 계속 유지하는 것에 정당한 이유가 없다 하였다.

A사의 징계규정에 따르면 징계위원장은 징계위원회의 개최일시와 장소를 징계대상자에게 통보하여야 하고, 징계대상자는 징계사유에 대해 징계위원회에서 진술하여야 한다. 또한 회사는 징계대상자에게 징계사유에 대한 소명기회를 주어야 한다고 기재되어 있다.

A사 근로자 甲(조합원)은 징계위원회 개최 당시 그 개회 30분 전에야 비로소 징계위원회의 개최 일시 및 장소를 통보받았고, 징계위원회에 출석하여 징계혐의사실에 대한 설명을 들었으나 그 직후 진술을 거부하고 일방적으로 퇴장하였다.

한편 A사와 노동조합이 체결한 단체협약 제23조에 따르면, 조합원 징계 시 노동조합의 위원장은 징계위원이 된다고 규정되어 있다. 이에 A사는 甲에 대한 징계위원회 개최 당시 노동조합 위원장에게 노동조합측 징계위원으로 참석할 것을 통보하려 했으나 당시 위원장이 구속되어 있어 수습대책위원회 1인에게 징계위원으로 참석할 것을 통보하였으나 참석거부통보를 받았다. 이에 A사는 노측 징계위원의 출석 없이 징계위원회를 개최하였다. A사는 징계위원회가 개최된 같은 날에 징계위원회의 의결에 따라 甲을 징계해고하였고, 甲은 해고의 효력을 다투는 소를 제기하였다.

[대법원 1991. 7. 9. 선고 90다8077 판결]

1. 징계절차를 위반한 징계해고의 효력, 무효

단체협약 등에서 징계절차를 규정한 것은 **징계권의 공정한 행사를 확보하고 징계제도의 합리적인 운영을 도모하기 위한 것**으로서 중요한 의미를 갖는 것인 바,

징계규정에서 징계위원회의 구성에 노동조합의 대표자를 참여시키도록 되어 있고 또 징계대상자에게 징계위원회에 출석하여 변명과 소명자료를 제출할 기회를 부여하도록 되어 있음에도 불구하고 이러한 **징계절차를 위배하여 징계해고를 하였다면 이러한 징계권의 행사는 징계사유가 인정되는 여부에 관계없이 절차에 있어서의 정의에 반하는 처사로서 무효**라고 보아야 한다.

2. 징계위원회의 사전통보 시기 · 방법

징계규정에 징계대상자에게 징계위원회에 출석하여 변명과 소명자료를 제출할 기회를 부여하도록 되어 있다면 그 통보의 시기와 방법에 관하여 특별히 규정한 바가 없다고 하여도 **변명과 소명자료를 준비할 만한 상당한 기간을 두고 개최일시와 장소를 통보하여야 하며**, 이러한 **시간적 여유를 주지 않고 촉박하게 이루어진 통보는 징계규정이 규정한 사전통보의 취지를 몰각한 것**

으로서 부적법하다고 보아야 할 것인바, 징계위원회의 개최일시 및 장소를 징계위원회가 개최되기 불과 30분 전에 통보하였다면 이러한 촉박한 통보는 징계대상자로 하여금 사실상 변명과 소명자료를 준비할 수 없게 만드는 것이어서 적법한 통보라고 볼 수 없다.

징계대상자가 **징계위원회에 출석하여 진술을 하였다고 하여도** 스스로 징계에 순응하는 경우가 아닌 한 그 징계위원회의 의결에 터잡은 **징계해고는 징계절차에 위배한 부적법한 징계권의 행사임에 틀림없다.**

단체협약에 의하여 노동조합의 위원장이 징계위원이 되도록 되어 있다면 징계위원회를 개최함에 있어서는 노동조합의 위원장에게 그 개최사실을 통보하여 참석의 기회를 부여하여야 할 것인 바, **회사가 개최사실을 통보한 수습대책위원회 1인은 단체협약상 징계위원이 되도록 규정된 위원장을 대리할 지위에 있는 자인지의 여부가 기록상 분명하지 않을 뿐 아니라, 노동조합측에서 위원장을 대리하여 징계위원회에 출석할 수 있는 자를 선정할 만한 시간적 여유를 두고 통보를 하였는지 조차도 분명하지 않다.**

033. 비난 글의 게시와 징계사유 정당성

A공단(건강보험공단)에서 행정직 3급으로 근무하던 甲은 2009.7.17.과 같은 해 7.12. 2회에 걸쳐 A공단의 전 직원이 볼 수 있는 사내인트라넷 자유게시판에 "문서 생산자가 현상을 모른 저능아들인지", "사려깊은 고민도 없이 임금보수의 역사적 고찰과 임금론의 기초도 없는 놈들이 누워서 침을 뱉고 있구나, 에라이 테"라는 표현을 쓰면서 A공단의 특근수당 관련 시간외·휴일 근무실태 점검계획 방침과 인력관리실장 전보인사 등을 비난하는 글을 게시하였다. 이에 A공단은 甲이 인력관리실장의 명예를 훼손하고, 음주상태에서 징계위원회에 출석하여 불량한 진술 태도를 보이는 등 직원으로서의 품위유지의무를 위반하였다는 이유로 2009.10.29. 甲에 대해 해임처분을 하였다. 甲에 대한 해고는 정당한가?

[대법원 2012. 1. 27. 선고 2010다100919 판결]

근로자의 정당한 활동과 징계사유 해당여부

사내 전자게시판에 게시된 문서에 기재되어 있는 문언에 의하여 타인의 인격, 신용, 명예 등이 훼손 또는 실추되거나 그렇게 될 염려가 있고, **또 문서에 기재되어 있는 사실관계 일부가 허위이거나 표현에 다소 과장되거나 왜곡된 점이 있다고 하더라도, 문서를 배포한 목적이** 타인의 권리나 이익을 침해하려는 것이 아니라 **근로조건의 유지·개선과 근로자의 복지증진 기타 경제적·사회적 지위의 향상을 도모하기 위한 것**으로서 문서 내용이 **전체적으로 보아 진실한 것이라면 이는 근로자의 정당한 활동범위에 속한다.**

그렇다면 위 게시글에 기재되어 있는 문언에 의하여 소외인의 인격, 신용, 명예 등이 훼손 또는 실추되거나 그렇게 될 염려가 있고 또 문서에 기재되어 있는 사실관계의 일부가 허위이거나 표현에 다소 과장되거나 왜곡된 점이 있다고 하더라도, 위 글의 게시행위는 근로자의 정당한 활동범위에 속하여 징계사유에 해당하지 않는다고 보아야 할 것이다.

034. 경력사칭과 징계해고 사유의 정당성

A사는 자동차를 생산하는 제조업체이고, B노조는 전국 단위의 산업별노동조합니다. 甲은 B노조 소속 근로자로서 2003.9.1.부터 2007.9.10.까지 A사에 생산직 사원으로 입사하여 근무하면서 2007.9.2. 설립된 B노조 A사지회의 간부 등으로 활동하여 오던 중 2007.9.10. A사로부터 입사 당시 이력서에 대학졸업 사실을 기재하지 않음으로써 학력을 허위로 기재했다는 이유로 해고 되었다.

A사의 취업규칙에 따르면, "경력 또는 학력, 이력사항 등을 허위로 작성하여 채용된 자"를 해고사유의 하나로 규정하고 있으며, 채용시의 제출서류인 자필이력서에 학력 및 1개월 이상의 경력을 빠짐없이 기록하도록 하고 있다. 그리고 취업규칙 상에는 "채용시의 제출서류의 학력 및 경력을 속이거나 숨기고 입사한 자에 대하여 징계조치를 할 수 있다"라고 규정되어 있다.

甲은 이 사건 해고가 부당해고 및 부당노동행위임을 주장하며 관할 노동위원회에 구제신청을 하였다. 甲에 대한 해고는 정당한가?

[대법원 2012. 7. 5. 선고 2009두16763 판결]

1. 취업규칙 상 징계해고사유와 정당성 판단

근로기준법 제23조 제1항은 사용자는 근로자에게 정당한 이유 없이 해고하지 못한다고 하여 해고를 제한하고 있으므로, <u>징계해고사유가 인정된다고 하더라도 사회통념상 고용관계를 계속할 수 없을 정도로 근로자에게 책임 있는 사유가 있는 경우에 한하여 해고의 정당성이 인정된다.</u>

2. 징계사유 해당여부

이는 <u>근로자가 입사 당시 제출한 이력서 등에 학력 등을 허위로 기재한 행위</u>를 이유로 징계해고를 하는 경우에도 마찬가지이고, 그 경우 <u>사회통념상 고용관계를 계속할 수 없을 정도인지는</u> 사용자가 사전에 허위 기재 사실을 알았더라면 근로계약을 체결하지 않았거나 적어도 동일 조건으로는 계약을 체결하지 않았으리라는 등 <u>고용 당시의 사정뿐 아니라, 고용 후 해고에 이르기까지 근로자가 종사한 근로 내용과 기간, 허위기재를 한 학력 등이 종사한 근로의 정상적인 제공에 지장을 가져오는지 여부, 사용자가 학력 등 허위 기재 사실을 알게 된 경위, 알고 난 후당해 근로자의 태도 및 사용자의 조치 내용, 학력 등이 종전에 알고 있던 것과 다르다는 사정이 드러남으로써 노사간 및 근로자 상호간 신뢰관계 유지와 안정적인 기업경영과 질서유지에 미치는 영향 기타 여러 사정을 종합적으로 고려하여 판단</u>하여야 한다.

3. 이력서에 경력기재를 요구하는 목적

다만 사용자가 이력서에 근로자의 학력 등의 기재를 요구하는 것은 근로능력 평가 외에 **근로자의 진정성과 정직성, 당해 기업의 근로환경에 대한 적응성 등을 판단하기 위한 자료를 확보하고 나아가 노사간 신뢰관계 형성과 안정적인 경영환경 유지 등을 도모하고자 하는 데에도 목적이 있는 것**으로, 이는 고용계약 체결뿐 아니라 **고용관계 유지에서도 중요한 고려요소가 된다**고 볼 수 있다.

4. 취업규칙에 이력서허위기재를 징계해고사유로 명시한 경우

따라서 취업규칙에서 근로자가 고용 당시 제출한 **이력서 등에 학력 등을 허위로 기재한 행위를** 징계해고사유로 특히 명시하고 있는 경우에 이를 이유로 해고하는 것은, 고용 당시 및 그 이후 제반 사정에 비추어 보더라도 사회통념상 현저히 부당하지 않다면 정당성이 인정된다.

035. 징계재량권 남용과 징계해고의 정당성

甲은 택시업을 운영하는 A사의 택시 운전기사로 근무하던 중 2003.3. 중순경부터 2003.3.30.경까지의 매일 납입하여야 하는 사납금(1일 76,000)의 13일치에 해당하는 988,000원을 A사에 납입하지 않다가 2003.4.10. 징계위원회 개최 사실을 통지받고 그 개최 당일 개최 직전에 모두 납입하였다. 그러나 A사는 甲의 이러한 행위가 취업규칙상의 징계해고사유(운송수입금의 유용·횡령 내지 3일 입금 미납)에 해당한다고 보아 甲을 징계해고 하였다. 甲은 해고무효확인 등을 구하는 소를 제기하였다.

甲은 2003.3.15. 택시운행중 본인의 과실로 교통사고를 일으켜 차량 수리비 총 1,600,000원을 A사에 납부해야할 채무를 지고 있어 당장 사납금을 납입하기 어려운 사정이 있었고, 사납금은 1일 단위로 납입하는 것이 원칙이나 장거리 운행 등 예외적인 경우에 납입유예를 허용하고 있고, 일부 기사들이 2-3일 또는 1주일 단위 등으로 사납금을 납입하는 경우가 종종 있었다. 또한 A사 택시 운전기사 乙은 2003.4.11. 사납금 2,862,000원을 연체하였다는 이유로 해고되었다가 사납금의 변제를 약속한 후 2003.6.2. 재입사 형식으로 복직한 바 있다. 甲에 대한 해고는 정당한가?

[대법원 2006. 11. 23. 선고 2006다48069 판결]

1. 해고의 정당성 판단기준

해고는 사회통념상 고용관계를 계속할 수 없을 정도로 근로자에게 책임 있는 사유가 있는 경우에 행하여져야 그 정당성이 인정되는 것이고,

2. 사회통념상 고용관계를 계속할 수 없는 정도의 판단

사회통념상 당해 근로자와의 고용관계를 계속할 수 없을 정도인지의 여부는 당해 사용자의 사업의 목적과 성격, 사업장의 여건, 당해 근로자의 지위 및 담당직무의 내용, 비위행위의 동기와 경위, 이로 인하여 기업의 위계질서가 문란하게 될 위험성 등 기업질서에 미칠 영향, 과거의 근무태도 등 여러 가지 사정을 종합적으로 검토하여 판단하여야 한다.

그런데 기록에 의하면, 회사 소속 운전기사들은 사납금을 일일납입하지 않고 2-3일분을 일괄납입하는 것이 통상이었고, 일주일분, 심지어 100만 원 이상을 일괄납입하는 경우도 있었는데, 회사가 종전에 이를 이유로 징계한 사례가 없고, 일일납입 여부와 상관없이 말일까지의 사납금이 모두 입금되기만 하면 성실수당을 지급해온 점 등을 알 수 있고, 여기에 근로자가 이 사건 사납금을 연체한 것이 2003. 3. 15.자 교통사고의 손해배상을 위해 빌린 일수사채를 변제하는 데 따른 어려움 때문이라는 점과 근로자가 징계위원회 개최 직전 이 사건 사납금을 모두 납입한 사정 등을 종합해 보면, 피고

와 원고 사이의 근로관계가 **사회통념상 원고의 귀책사유로 더 이상 그 계속을 기대하기 어려울 정도에 이르게 되었다고 볼 수는 없고,** 따라서 **이 사건 해고는 지나치게 가혹하여 그 재량권의 범위를 일탈한 것으로 볼 수 있다고 할 것이다.**

근로관계의 종료

036. 해고의 서면통지

A사는 선박의 건조, 수리 및 판매사업을 영위하는 회사로 2006.5.10. 甲은 A사에 입사하여 사내 감사실장으로 근무해왔다. 그런데 2008.9.3. A사는 감사실을 폐지하면서 甲에게 대기발령 조치를 내렸고, 2008.10.15. 사규위반을 이유로 인사위원회에 출석하라는 통보를 하였다. 그러나 甲은 통보서에 징계사실이 특정되어 있지 않아 인사위원회의 개최연기를 요구하였으나 A사는 이를 받아들이지 아니한 채 2008.10.20. 甲에 대한 징계해고를 결정하고 2008.10.22. 甲에게 다음과 같은 내용의 해고통보서를 발송하였다.

해고 통보서

해고사유 : 취업규칙 제21조 및 제22조 위반

해고일 : 2008.10.22.(수)

이에 甲은 해고가 무효임을 주장하며 관할 지방노동위원회에 부당해고의 구제를 신청하였다. 甲에 대한 해고는 정당한가?

[대법원 2011. 10. 27. 선고 2011다42324 판결]

1. 해고서면통지 규정의 취지

근로기준법 제27조는 해고사유 등을 서면으로 통지하도록 함으로써 **사용자가 해고 여부를 더 신중하게 결정하도록 하고, 해고의 존부 및 시기와 사유를 명확히 하여 사후에 이를 둘러싼 분쟁이 적정하고 용이하게 해결되고 근로자도 해고에 적절히 대응할 수 있게 하기 위함**이다.

2. 해고서면의 내용(유효요건)

따라서 사용자가 해고사유 등을 서면으로 통지할 때는 **근로자의 처지에서 해고의 사유가 무엇인지를 구체적으로** 알 수 있어야 하고, 특히 **징계해고의 경우**에는 **해고의 실질적 사유가 되는 구체적 사실 또는 비위내용을 기재하여야 하며 징계대상자가 위반한 단체협약이나 취업규칙의 조문만 나열하는 것으로는 충분하다고 볼 수 없다.**

甲은 택시업을 영위하는 A사의 근로자로 동료기사 등에 대한 상해 및 폭행 등으로 불구속 기소되어 1993. 8. 10. 1심 법원에서 징역 8월에 2년간 집행유예의 판결을 선고받고 이에 불복 항소하였는데 A사는 위 판결이 확정되기 이전인 같은 해 10. 16. 甲이 위 집행유예의 판결을 선고받은 것이 단체협약 제35조 제4호에 정한 해고사유인 '금고 이상의 형이 확정된 경우'에 해당한다고 보아 甲을 해고하였다. 이에 甲은 이 사건 해고는 부당하다 주장하며 관할 노동위원회에 구제신청을 하였다.

한편, 단체협약에서는 당연퇴직사유와 해고사유를 구분하고, 당연퇴직사유에는 사직원의 제출, 복직원 미제출, 직업군인이 된 경우, 근로자의 사망, 신체상 또는 정신상 장애 등을 규정하는 한편 해고사유로는 ① 징계해고가 결정되었을 때, ② 금고 이상의 형이 확정되거나 법률에 의하여 공민권이 정지 또는 박탈되었을 때(단, 도로교통법 위반으로 인한 사유인 경우에는 예외), ③ 금치산, 한정치산, 파산선고를 받았을 때 등을 규정하고 있다. 이 사건 해고는 정당한가?

[대법원 1997. 9. 26. 선고 97누1600 판결]

형사상 유죄판결을 징계해고사유로 규정하고 있는 취지

단체협약 등에서 해고사유로 '금고 이상의 형이 확정되었을 때'라는 규정을 두고 있는 **취지**는 통상 그러한 유죄판결로 인하여 **① 근로제공의무를 이행할 수 없는 상태가 장기화되어 근로계약의 목적을 달성할 수 없게 되었기 때문일 뿐 아니라, ② 다른 종업원과의 신뢰관계가 손상되어 직장질서의 유지를 저해하거나, ③ 회사의 명예와 신용을 심히 훼손하거나 거래관계에까지 악영향을 미치게 되고, 또 ④ 사용자와 근로자 간의 신뢰관계가 상실됨으로써 근로관계의 유지가 기대될 수 없기 때문이라고 할 것이므로,** 여기서의 **'금고 이상의 형'이 반드시 실형만을 의미한다고 단정하여서는 안 되며 그 의미는 규정의 취지나 다른 면직사유의 내용 등에 비추어 합리적으로 판단**하여야 한다.

이 사건 단체협약에서는 **당연퇴직사유와 해고사유를 구분하고,** 당연퇴직사유에는 근로자가 명시적 또는 묵시적으로 근로제공의사가 없음을 표시한 경우(사직원의 제출, 복직원 미제출, 직업군인이 된 경우 등), 그 성질상 근로자가 근로제공을 할 수 없는 경우(근로자의 사망, 신체상 또는 정신상 장애), 예정된 근로기간이 만료된 경우(정년, 근로계약의 만료) 등을 규정하는 한편,

해고사유로는 ① 징계해고가 결정되었을 때, ② 금고 이상의 형이 확정되거나 법률에 의하여 공민권이 정지 또는 박탈되었을 때(단, 도로교통법 위반으로 인한 사유인 경우에는 예외), ③ 금치산, 한정치산, 파산선고를 받았을 때를 규정하고 있음을 알아볼 수 있는바, 위와 같이 이 사건 단체협약에서

는 당연퇴직사유와 해고사유를 구분하고, '금고 이상의 형의 확정'은 해고사유로 규정하고 있는 점, 위 단체협약에서는 '금고 이상의 형의 확정'과 '공민권의 정지 또는 박탈'을 함께 규정하고 있는데, '공민권의 정지 또는 박탈'은 실형판결에 의해서만 발생하는 것이 아닌 점, 또한 위 규정에서는 '금고 이상의 형의 확정'에 '도로교통법 위반으로 인한 경우'를 예외사유로 두어 범죄의 내용도 고려하고 있는데, **이는 단순히 근로제공의무의 장기간 불이행만을 해고사유로 정한 것이 아님을 뒷받침하는 점 등과 아울러 이 사건 단체협약상 해고사유로 규정된 다른 사유들과 당연퇴직사유로 규정된 사유들을 종합적으로 비교·검토하여 보면, 위 단체협약에서 규정하고 있는 '금고 이상의 형'이 반드시 실형만을 의미한다고 볼 수 없다.**

038. 정리해고의 정당성

甲은 A은행의 C지점 영업점장으로 근무하던 근로자이다. 그런데 1990년대 후반 A은행은 적자누적으로 D은행과의 합병을 결정하고 경영정상화계획 일환으로 260개의 점포를 폐쇄하고 부서통폐합을 실시하였고 이 과정에서 잉여인력이 발생하였다. A은행은 3급 이상의 직원들을 대상으로 연령·재직기간·근무성적으로 구성된 감축대상자 선정기준에 따라 감축대상자 명단을 작성하였다. 이후 A은행은 감축대상인원 및 감축대상 선정기준을 A은행 4급 이하 직원만 가입할 수 있는 B노동조합(과반노조)에 통보하고 협의과정을 당초 감축인원인 356명에서 282명으로 감원규모를 축소하였다. A은행은 감축대상자에 대해 희망퇴직제를 실시하였는데 감축대상임에도 불구하고 희망퇴직자 모집에 응하지 않은 甲을 경영상 해고하였다.

甲은 자신에 대해 이루어진 경영상해고가 근기법상 요건을 갖추지 못하여 정당하지 아니하다는 취지로 법원에 해고무효확인소송을 제기하였다. 한편 B노동조합은 종전에도 A은행과 임금협상 등 단체교섭을 함에 있어 3급 이상 직원들에 대한 부분까지 포함시켜 함께 협약을 체결해왔다. 이 사건 정리해고는 정당한가?

[대법원 2002. 7. 9. 선고 2001다29452 판결]

1. 정리해고의 정당성 판단

근로기준법 제24조의 각 요건의 구체적 내용은 확정적·고정적인 것이 아니라 **구체적 사건에서 다른 요건의 충족 정도와 관련하여 유동적으로 정해지는 것**이므로 구체적 사건에서 경영상 이유에 의한 당해 해고가 위 **각 요건을 모두 갖추어 정당한지 여부**는 위 **각 요건을 구성하는 개별 사정들을 종합적으로 고려하여 판단**하여야 한다.

2. 긴박한 경양상의 필요성

정리해고의 요건 중 **'긴박한 경영상의 필요'**란 반드시 기업의 도산을 회피하기 위한 경우에 한정되지 아니하고, **장래에 올 수도 있는 위기에 미리 대처하기 위하여 인원삭감이 필요한 경우도** 포함되지만, 그러한 인원삭감은 **객관적으로 보아 합리성이 있다고 인정되어야 한다.**

3. 해고회피노력의 방법과 정도

사용자가 정리해고를 실시하기 전에 다하여야 할 **'해고회피노력의 방법과 정도'**는 확정적·고정적인 것이 아니라 당해 사용자의 경영위기의 정도, 정리해고를 실시하여야 하는 경영상의 이유, 사업의 내용과 규모, 직급별 인원상황 등에 따라 달라지는 것이고, 사용자가 해고를 회피하기 위한 방법에 관하여 노동조합 또는 근로자대표와 성실하게 협의하여 정리해고 실시에 관한 합의에 도달하였다면 이러한 사정도 해고회피노력의 판단에 참작되어야 한다.

4. 합리적이고 공정한 기준 설정

'합리적이고 공정한 기준'이 **확정적·고정적인 것은 아니고 당해 사용자가 직면한 경영위기의 강도와 정리해고를 해야 하는 경영상 이유, 정리해고를 시행한 사업 부문의 내용과 근로자의 구성, 정리해고 시행 당시의 사회경제상황 등에 따라 달라지는 것**이기는 하지만, **객관적 합리성과 사회적 상당성을 가진 구체적인 기준이 마련되어야 하고 그 기준을 실질적으로 공정하게 적용하여 정당한 해고대상자의 선정**이 이루어져야 한다.

5. 근로자대표와의 협의규정

정리해고의 절차적 요건을 규정한 것은 근로기준법 제24조가 규정하고 있는 정리해고의 **실질적 요건의 충족을 담보**함과 아울러 **비록 불가피한 정리해고라 하더라도 협의과정을 통한 쌍방의 이해 속에서 실시되는 것이 바람직**하다는 이유에서이다.

정리해고가 실시되는 사업장에 근로자의 과반수로 조직된 노동조합이 있는 경우 사용자가 그 노동조합과의 협의 외에 정리해고의 대상인 일정 급수 이상 직원들만의 대표를 새로이 선출케 하여 그 대표와 별도로 협의를 하지 않았다고 하여 그 정리해고를 협의절차의 흠결로 무효라 할 수는 없다.

이 사건의 경우 협의규정 취지 정리해고를 실시하여야 할 경영상 필요의 긴박성 등 실질적 요건의 충족 정도, 은행의 노동조합이 종전에도 사용자와 임금협상 등 단체교섭을 함에 있어 **3급 이상 직원들에 대한 부분까지 포함시켜 함께 협약을 해왔고 이 사건 정리해고에 있어서도 노동조합이 협의에 나서 격렬한 투쟁 끝에 대상자 수를 당초 356명에서 282명으로 줄이기로 합의하는 데 성공한 점 등**을 종합하여 보면, 이 사건 정리해고가 실시되는 피고 은행 전사업장에 걸쳐 근로자의 **과반수로 조직된 노동조합이 있는 이 사건에 있어**, 피고 은행이 위 조항의 문언이 요구하는 노동조합과의 협의 외에 정리해고의 대상인 3급 이상 직원들만의 대표를 새로이 선출케 하여 그 대표와 별도로 협의를 하지 않았다고 하여 이 사건 정리해고를 협의절차의 흠결로 무효라 할 수는 없는 것이다.

[대법원 2006. 1. 26. 선고 2003다69393 판결] - 과반수 미달 노조의 협의주체성 판단

정리해고의 절차적 요건을 규정한 것은 정리해고의 실질적 요건의 충족을 담보함과 아울러 비록 불가피한 정리해고라 하더라도 협의과정을 통한 쌍방의 이해 속에서 실시되는 것이 바람직하다는 이유에서라고 할 것이므로, **근로자의 과반수로 조직된 노동조합이 없는 경우에 그 협의의 상대 방이 형식적으로는 근로자 과반수의 대표로서의 자격을 명확히 갖추지 못하였더라도 실질적 으로 근로자의 의사를 반영할 수 있는 대표자라고 볼 수 있는 사정이 있다면 위 절차적 요건 도 충족하였다고 보아야 할 것이다.**

039. 당연퇴직과 해고

甲는 1987.6.24.부터 A사의 조립공으로 근무하여 오다가 1990.2.7. A사 노동조합의 위원장으로 선출되었다. 그 후 甲은 노조위원장으로서 1990.4.20.경부터 같은 해 6.7.경까지 사이에 노사간에 임금교섭을 하는 과정에서 회사업무를 방해하고, 불법으로 태업, 파업을 하며 옥외집회를 열고 시위를 주동하였다는 이유로 같은 해 6.13. 구속되어 징역 1년에 집행유예 2년의 유죄판결이 확정되었다.

A사의 노사합의서 제23조에 의하면 "정당한 사유 없이 5일 이상 무단결근하였을 때, 조합원이 정년에 달했거나 사망하였을 때, **형사상의 범죄로 유죄판결을 받았을 때**, 금치산, 한정치산, 파산선고를 받았을 때, 전역일 또는 질병, 부상으로 인해 휴직한 자가 완치일로부터 2주 이내에 복직원을 제출하지 아니한 때에는 당연퇴직한다고 규정되어 있고, 취업규칙 제9조 제2항 제3호에도 위와 같은 사유(형사상의 범죄로 유죄판결을 받았을 경우를 가리키는 것으로 보인다)가 있는 경우에는 당연면직한다고 규정되어 있다. 또한 A사의 취업규칙에서는 당연면직과는 별도로 취업규칙을 위반하는 자에 대하여는 징계를 할 수 있다고 규정하고, 징계의 종류로 경고, 견책, 감봉, 정직, 해고를 규정하고, 당연퇴직사유와 다른 해고사유를 규정하고 있으며, 위 노사합의서 제25조에서도 위와 같은 징계 종류를 규정하고 있다.

A사는 甲이 징역 1년에 집행유예 2년의 판결을 선고받자 1991.1.29. 인사위원회를 열어 노사합의서 및 취업규칙상의 당연퇴직사유가 발생하였다 하여 형식적인 심의의결을 거쳐 같은 날짜로 甲이 당연퇴직되었음을 甲에게 통보하였다. 이에 甲은 해고무효확인의 소를 제기하였다. 甲에 대한 당연퇴직통보는 해고인가?

[대법원 1993. 10. 26. 선고 92다54210 판결]

---

1. 근로계약의 종료사유

근로계약의 종료사유는 근로자의 의사나 동의에 의하여 이루어지는 **퇴직**, 근로자의 의사에 반하여 사용자의 일방적 의사에 의하여 이루어지는 **해고**, 근로자나 사용자의 의사와는 관계없이 이루어지는 **자동소멸** 등으로 나누어 볼 수 있을 것인바,

2. '해고'의 의미

근로기준법 제23조에서 말하는 **해고란 실제 사업장에서 불리우는 명칭이나 그 절차에 관계없이 위의 두번째에 해당하는 모든 근로계약관계의 종료**를 의미한다고 해석하여야 할 것이므로, 어떠한 사유의 발생을 **당연퇴직사유로 규정하고 그 절차를 통상의 해고나 징계해고와는 달리 하였더라도** 근로자의 의사와 관계없이 사용자측에서 일방적으로 근로관계를 종료시키는 것이면 **성질상 이는 해고로서 근로기준법에 의한 제한을 받는다고 보아야 할 것이다.**

3. 정당한 이유의 판단

단체협약이나 취업규칙에서 당연퇴직으로 규정하였다 하더라도 이는 위와 같은 의미의 해고의 일종이고, 다만 그 절차에서 다른 일반의 해고절차와 구분하기 위하여 회사가 내부적으로 그 명칭과 절차를 달리한 것이라고 볼 것이고, 따라서 **퇴직조처가 유효하기 위하여는 근로기준법 제23조 제1항이 규정하는 바의 정당한 이유가 있어야 하고,** 이와 같은 정당한 이유가 없는 경우에는 퇴직처분무효확인의 소를 제기할 수 있다 고 보아야 할 것이다.

4. 참고 : 대법원의 판단

원고에 대한 이 사건 퇴직조처가 단체협약이나 취업규칙에서 당연퇴직으로 규정하였다 하더라도 이는 위와 같은 의미의 해고의 일종이고, 다만 그 절차에서 다른 일반의 해고절차와 구분하기 위하여 회사가 내부적으로 그 명칭과 절차를 달리한 것이라고 볼 것이고, 따라서 원고에 대한 이 사건 퇴직조처가 유효하기 위하여는 근로기준법 제23조 제1항이 규정하는 바의 정당한 이유가 있어야 하고, 이와 같은 정당한 이유가 없는 경우에는 퇴직처분무효확인의 소를 제기할 수 있다고 보아야 할 것이다.

그렇다면 원심이 원고에 대한 이 사건 퇴직조처가 관념의 통지인 것으로만 파악하여 본안에 들어가 **원고에 대한 퇴직처분의 정당성에 관하여 판단하지 아니하고, 확인의 이익이 없다는 이유로 각하한 것은 잘못이라고 할 것**이다.

이 사건에서는 원고가 해고무효확인의 소를 제기한 것이건 퇴직처분무효확인의 소를 제기한 것이건 **이는 모두 해고의 일종인 위 퇴직조처의 무효확인을 구하는 것으로 보아야 할 것**이므로, 퇴직처분무효확인청구와 해고무효확인청구를 독립한 별개의 청구로 볼 것도 아니다.

취업규칙이나 노사합의서(단체협약)의 규정이 종업원이 형사상의 범죄로 유죄판결을 받았을 때는 당연퇴직한다고 되어 있어 마치 위 규정상의 요건에 충족되기만 하면 곧바로 퇴직되는 것과 같은 형식으로 규정되어 있지만, 이를 이유로 하는 당연퇴직조처도 일종의 해고로서 정당한 것으로 인정되어야 하는 것임은 위에서 본 바와 같으므로, 위와 같은 취업규칙이나 노사합의서의 규정은 그 규정의 형식에도 불구하고 위와 같은 정당성이 인정될 수 있는 경우라야 적법한 당연퇴직사유에 해당할 수 있는 것이고, **그렇지 아니하고 형식적으로 위 규정에 해당하는 모든 경우를 당연퇴직사유로 삼는 취지라면 이는 근로기준법 제23조 제1항의 규정에 위배된다**고 볼 여지가 있을 수 있다. 이렇게 볼 때 위의 취업규칙이나 단체협약의 **당연퇴직사유에 관한 규정은 근로기준법 제23조 제1항에서 말하는 정당한 사유가 있는 경우라는 내재적 제약을 가지고 있다고 보는 것이 합리적**일 것이며, 이렇게 보면 **위의 규정이 근로기준법 제23조 제1항에 위반되어 무효라고 할 수는 없다.**

원심판결에는 해고로서의 당연퇴직에 관한 법리를 오해하여 심리를 다하지 아니한 위법이 있다고 할 것이고, 논지는 이 범위 안에서 이유 있다.

040. 사직 의사표시의 해석과 철회

甲은 乙법인이 대전직할시 동구로부터 위탁받아 운영하는 어린이집의 원장으로 근무하던 중 1997. 2. 10. '신입원생 학부모들 앞에서 보육교사 丙의 명예를 훼손하는 발언을 하였고, 직장 구성원 간에 불화를 조성하였으며, 부하직원 지휘의 책임이 있음에도 학부모에게 의도적으로 소문을 내어 시설의 품위를 실추시켰다'는 이유로 乙로부터 징계처분(견책)을 받음과 아울러, 乙이 위탁 운영 중인 사회복지관에 병설하여 운영할 예정인 어린이집 2의 개원실무 책임자로 근무하라는 전보명령을 받고, 같은 달 18일 위 사회복지관에 첫 출근하여 같은 날부터 같은 달 27일까지의 휴가원을 제출한 후 당일 사직서를 제출하였으며 乙은 같은 달 20일 원고의 사직서를 수리하였다.

그런데 甲은 휴가중인 같은 달 25일 구의회에서 어린이집에 관한 조례가 통과되었다는 소식을 듣고 위 사회복지관의 관장에게 사직 의사표시를 철회한다고 하였으나, 관장은 사직서가 이미 수리되었음을 통보하였다. 이에 甲은 근로계약관계의 존속을 주장하며 관한 노동위원회에 부당해고 구제신청을 하였다. 甲의 주장은 타당한가?

[대법원 2000. 9. 5. 선고 99두8657 판결]

1. 해약고지와 합의해지청약의 구별

사직의 의사표시는 특별한 사정이 없는 한 당해 **근로계약을 종료시키는 취지의 해약고지**로 볼 것이고, 사직서의 기재내용, 사직서 작성·제출의 동기 및 경위, 사직 의사표시 철회의 동기 기타 여러 사정을 참작하여 판단한다.

2. 의사표시의 철회 여부

(1) 해약고지

근로계약의 해지를 통고하는 **사직의 의사표시가 사용자에게 도달한 이상** 근로자로서는 **사용자의 동의 없이는** 비록 민법 제660조 제3항 소정의 기간이 경과하기 이전이라 하여도 **사직의 의사표시를 철회할 수 없다.**

(2) 합의해지의 청약

근로자가 사직원을 제출하여 **근로계약관계의 해지를 청약하는 경우 그에 대한 사용자의 승낙 의사가 형성되어 그 승낙의 의사표시가 근로자에게 도달하기 이전에는 그 의사표시를 철회할 수 있고**, 다만 근로자의 사직 의사표시 철회가 사용자에게 예측할 수 없는 손해를 주는 등 **신의칙에 반한다고 인정되는 특별한 사정이 있는 경우에 한하여 그 철회가 허용되지 않는다.**

甲은 한국증권거래소(이하 'A사') 근로자로 업무내용 일부를 외부에 누설한 것을 이유로 징계면직 처분되었는데, 징계면직 의결을 받은 직후 A사에 부당함을 호소하였고, 징계면직처분의 무효를 다투어 복직하기는 어렵다고 판단해 퇴직금이라도 제대로 수령할 생각으로 징계면직 발령일자와 같은 날인 1985.12.5.자로 된 사직원을 작성 제출함과 동시에 종전 징계면직처분을 취소하고 의원면직처리를 하여 달라는 취지의 재심청구를 하였다. A사는 이에 따라 1986. 1. 29. 인사위원회를 개최하여 甲에 대한 징계면직처분을 재심의하여 당초의 징계면직처분을 취소하고 甲이 제출한 사직원을 수리하여 甲을 1985. 12. 5.자로 의원면직처리하기로 의결하였다. 이에 甲은 사직의 의사표시는 비진의 의사표시에 해당하고, A사도 그러한 사정을 알면서 이를 수리한 것이니, 무효인 사직의 의사표시에 기하여 의원면직의 형태로 근로계약관계를 종료시킨 행위는 실질적으로는 해고하고 주장하며 복직요청을 하였으나 A사는 이를 받아들이지 않았고, 甲은 의원면직 처분 후 12년이 지나 그 효력을 다투는 소를 제기하였다. 甲의 청구는 타당한가?

[대법원 2000. 4. 25. 선고 99다34475 판결]

1. 진의의 의미

진의 아닌 의사표시에 있어서의 **진의란 특정한 내용의 의사표시를 하고자 하는 표의자의 생각을 말하는 것**이지 표의자가 진정으로 마음속에서 바라는 사항을 뜻하는 것은 아니므로, 표의자가 의사표시의 내용을 진정으로 마음속에서 바라지는 아니하였다고 하더라도 **당시의 상황에서는 그것을 최선이라고 판단하여 그 의사표시를 하였을 경우**에는 이를 내심의 효과의사가 결여된 **진의 아닌 의사표시라고 할 수 없다.**

2. 사직의 의사표시가 무효인 경우의 법적 성질

사용자가 사직의 의사 없는 근로자로 하여금 **어쩔 수 없이 사직서를 작성·제출하게 한 후** 이를 **수리하는** 이른바 **의원면직의 형식을 취하여 근로계약관계를 종료**시키는 경우처럼 근로자의 **사직서 제출이 진의 아닌 의사표시에 해당하는 등으로 무효**이어서 사용자의 그 수리행위를 실질적으로 사용자의 일방적 의사에 의하여 근로계약관계를 종료시키는 **해고**라고 볼 수 있는 경우가 아닌 한,

사용자가 **사직서 제출에 따른 사직의 의사표시를 수락함으로써 사용자와 근로자 사이의 근로계약관계는 합의해지에 의하여 종료되는 것**이므로 사용자의 의원면직처분을 해고라고 볼 수 없다.

따라서 근로자가 징계면직처분을 받은 후 당시 상황에서는 징계면직처분의 무효를 다투어 복직하기는 어렵다고 판단하여 퇴직금 수령 및 장래를 위하여 사직원을 제출하고 재심을 청구하여 종전의 징계면직처분이 취소되고 의원면직처리된 경우, 그 사직의 의사표시는 비진의 의사표시에 해당하지 않는다.

3. 참고 : 상당기간 경과 후 제기된 소의 효력(실효성의 원칙)

사용자로부터 해고된 근로자가 퇴직금 등을 수령하면서 아무런 이의의 유보나 조건을 제기하지 않았다면 **해고의 효력을 인정하지 아니하고 이를 다투고 있었다고 볼 수 있는 객관적인 사정**이 있다거나 그 외에 **상당한 이유가 있는 상황하에서 이를 수령하는 등의 특별한 사정이 없는 한** 그 **해고의 효력을 인정**하였다고 할 것이고, 따라서 그로부터 **오랜 기간이 지난 후에 그 해고의 효력을 다투는 소를 제기하는 것은 신의칙이나 금반언의 원칙에 위배되어 허용될 수 없다.**

042. 시용과 본채용 거부의 법적 성질

A은행은 1999. 2. 초순경 4급 이하 직원들을 채용하면서 3개월의 시용기간을 두고 차후 그 업무능력 및 조직적응도에 따라 재계약 여부를 결정하기로 하는 근로계약을 체결하였다. A은행은 시용근로자들에 대한 근무성적평정을 실시하되, 평정요소는 업무수행태도 및 의욕(60%), 업무수행능력 및 성과(40%)로 하며, 평정등급은 A(탁월), B(양호), C(약간 미흡), D(상당히 미흡)의 4등급으로 하되, 평정등급이 A(탁월) 및 B(양호) 등급인 경우에는 정식직원으로 채용하고, C(약간 미흡) 등급에 해당하는 때에는 선별적으로 정식직원으로 채용하며, D(상당히 미흡) 등급에 속하는 경우에는 고용계약을 해지하기로 방침을 정하고, 위와 같은 내용의 근무성적평정요령을 각 지점에 보내어 1999. 4. 10.까지 근무성적평정표를 작성하여 제출하도록 하였다.

A은행은 각 지점별로 고용해지 대상 인원 즉 C 또는 D 등급자의 수를 할당하였으며, 또한 A은행 영업본부 영업팀장이 1999. 4. 중순경 산하 지점장들이 모인 자리에서 이미 제출된 근무성적평정표의 재작성을 요구하였고, 이 때 일부 지점장이 근무성적평정표를 재작성하기도 하였다.

위 근무성적평정 결과, 위 736명의 직원들 중 650명은 A 또는 B의 평정등급을 받았으나, 甲을 포함한 나머지 86명은 C 또는 D의 평정등급을 받아 고용계약해지대상자로 선정되어 1999. 4. 30.자로 근로계약이 해지되었다. 이에 甲은 관할 노동위원회에 부당해고 구제신청을 하였다. 甲에 대한 계약해지는 정당한가?

[대법원 2006. 2. 24. 선고 2002다62432 판결]

1. 해고제한 규정의 적용

시용(試用)기간 중에 있는 근로자를 해고하거나 시용기간 만료시 본계약의 체결을 거부하는 것은 **사용자에게 유보된 해약권의 행사**로서,

2. 정당한 이유의 범위

당해 근로자의 업무능력, 자질, 인품, 성실성 등 업무적격성을 관찰·판단하려는 시용제도의 취지·목적에 비추어 볼 때 **보통의 해고보다는 넓게 인정되나, 이 경우에도 객관적으로 합리적인 이유가 존재하여 사회통념상 상당하다고 인정되어야 한다.**

사용자인 은행이 시용기간 중의 근로자를 대상으로 근무성적평정을 실시함에 있어서 각 지점별로 씨(C) 또는 디(D)의 **평정등급 해당자 수를 할당**한 점, 근무성적평정표가 작성·제출된 이후 위 은행으로부터 **재작성 요구를 받은 일부 지점장들이 평정자 및 확인자를 달리하도록 정한 위 은행의 근무성적평가요령에 어긋나게 혼자서 근무성적평정표를 재작성하기도 한 점** 등 제반 사정에 비추어 볼 때, 위 은행이 시용근로계약을 해지한 데에 **정당한 이유가 있다고 보기 어렵다.**

미국 시민권자인 甲은 乙법인이 경영하는 A대학교의 교수로 근무하던 중 A대학이 甲의 담당 과목은 국내인 교수로 대체 가능하다고 회신함에 따라 1984.3.1.부터 1학기 휴직 발령되었다가 1984.10.31.자로 직권면직(해고)되었다. 이에 甲은 휴직처분 및 면직처분의 무효를 주장하면서 乙법인을 상대로 1984.3.1.부터의 보수를 청구하는 소를 제기하였다.

한편 甲은 면직처분기간 중 B협회에 전문위원으로 근무하면서 월급여 및 상여금을 지급받았다. 乙법인은 해고기간 동안 임금 및 상여금 전액을 甲에게 지급해야 하는가?

[대법원 1991. 6. 28. 선고 90다카25277 판결]

1. 근기법 제46조의 취지

근로기준법 제46조는 **근로자의 최저생활을 보장하려는 취지**에서 사용자의 귀책사유로 인하여 휴업하는 경우에는 사용자는 휴업기간 중 당해 근로자에게 그 평균임금의 100분의 70 이상의 수당을 지급하여야 한다고 규정하고 있고,

2. '휴업'의 의미

여기서의 휴업에는 개개의 근로자가 **근로계약에 따라 근로를 제공할 의사가 있음에도 불구하고 그 의사에 반하여 취업이 거부되거나 또는 불가능하게 된 경우**도 포함되므로 **근로자가 사용자의 귀책사유로 인하여 해고된 경우에도 위 휴업수당에 관한 근로기준법이 적용될 수 있다.**

3. '휴업수당'과 중간수입공제

사용자의 귀책사유로 인하여 해고된 근로자는 그 기간 중에 노무를 제공하지 못하였더라도 민법 제538조 제1항[5] 본문의 규정에 의하여 **사용자에게 그 기간 동안의 임금을 청구할 수 있고,** 이 경우에 근로자가 **자기의 채무를 면함으로써 얻은 이익이 있을 때에는** 같은 법 제538조 제2항[6]의 규정에 의하여 **이를 사용자에게 상환할 의무가 있다고 할 것인데, 근로자가 해고기간 중에 다**

---

5) 제538조(채권자 귀책사유로 인한 이행불능) ① 쌍무계약의 당사자 일방의 채무가 **채권자의 책임있는 사유로 이행할 수 없게 된 때에는 채무자는** 상대방의 이행을 청구할 수 있다.

6) 제538조(채권자 귀책사유로 인한 이행불능) ② 진항의 경우에 채무자는 자기의 **채무를 면함으로써 이익을 얻은 때에는 이를 채권자에게 상환하여야 한다.**

른 직장에 종사하여 얻은 수입은 근로제공의 의무를 면함으로써 얻은 이익이라고 할 것이므로 사용자는 근로자에게 해고기간 중의 임금을 지급함에 있어서 위의 이익 (이른바 중간수입)을 공제할 수 있다.

4. 중간수입공제의 한도

그러나 근로자가 **사용자의 귀책사유로 인하여 해고된 경우에는 위 휴업수당에 관한 근로기준법이 적용될 수 있으며** 이 경우에 근로자가 지급받을 수 있는 해고기간중의 임금액 중 **위 휴업수당의 한도에서는 중간수입공제의 대상으로 삼을 수 없고, 그 휴업수당을 초과하는 금액범위에서만 공제하여야 할 것이다.** 그리고 휴업수당을 초과하는 금액을 한도로 중간수입을 공제할 경우에도 **중간수입이 발생한 기간이 임금지급의 대상으로 되는 기간과 시기적으로 대응하여야 하고** 그것과는 시기적으로 다른 기간에 얻은 이익을 공제하여서는 안된다.

044. 부당해고와 민사상 불법행위

A사는 甲을 해고하였는데 관할 지방노동위원회의 부당해고 구제명령에 따라 甲을 복직시킨 후 甲에게 이미 수령한 퇴직금의 반환을 3회에 걸쳐 요구하였다. 甲은 A사에게 위 퇴직금을 반환할 의사를 표시하였으나 부당해고기간 중의 임금분과 위자료 등을 계산하여 공제할 것과 경제적 사정을 이유로 위 금원을 분할하여 반환할 수 있도록 하여 달라는 요청을 하였다. 그럼에도 불구하고 A사는 별다른 조치를 취하지 아니한 채 일방적으로 甲의 행위가 취업규칙 등 소정의 해고사유인 '회사재산횡령'에 해당한다고 보아 복직 후 불과 2개월 만에 甲을 다시 해고하였으며, 甲은 해고무효확인의 소를 제기하였다. 甲에 대한 A사의 해고는 민사상 불법행위를 구성하는가?

[대법원 1999. 2. 23. 선고 98다12157 판결]

부당해고의 불법행위 구성요건

사용자가 근로자를 **징계해고할 만한 사유가 전혀 없는데도 오로지 근로자를 사업장에서 몰아내려는 의도하에** 고의로 어떤 명목상의 **해고사유를 만들거나 내세워 징계라는 수단을 동원하여 해고**한 경우나,

해고의 이유로 된 어느 사실이 **취업규칙 등 소정의 해고사유에 해당되지 아니하거나 해고사유로 삼을 수 없는 것임이 객관적으로 명백하고 또 조금만 주의를 기울이면 이와 같은 사정을 쉽게 알아볼 수 있는데도 그것을 이유로 징계해고에 나아간 경우** 등

징계권의 남용이 우리의 건전한 사회통념이나 사회상규상 용인될 수 없음이 분명한 경우에 있어서는 그 해고가 근로기준법 제23조 제1항에서 말하는 정당성을 갖지 못하여 **부당해고에 그치는 것이 아니라, 위법하게 상대방에게 정신적 고통을 가하는 것이 되어 근로자에 대한 관계에서 불법행위를 구성할 수 있다** 할 것이다.

이 사건의 경우 근로자의 행위가 취업규칙 소정의 해고사유에 해당하지 아니하는 것이 **객관적으로 명백한 사유로 해고를 한 것**이어서 사회통념이나 사회상규상으로도 용인될 수 없고, 또한 회사로서도 **조금만 주의를 기울이면 이와 같은 사정을 쉽게 알 수 있었다고 보이므로** 이는 위법하게 상대방에게 정신적 고통을 가하는 것이 되어 원고에 대한 관계에서 불법행위를 구성한다.

045. 위장폐업과 불법행위

甲은 A주식회사를 설립하고 대표이사로서 A사를 운영하고 있다. A사 소속 근로자들이 가입한 B 노동조합은 임금인상 등을 요구조건을 하여 단체교섭을 요구하고 쟁의행위에 돌입하였다. B노동조합은 쟁의행위기간 중인 2003.6.16. A사 대표인 甲과 단체협약 체결을 위한 교섭을 하였는데, 2003.6.26.경 甲은 노동조합과 사이에 합의된 단체협약안의 조인을 거부하였고, 이에 B노조는 파업에 돌입하였다. A사는 바로 당일 직장폐쇄조치에 들어갔다. 그 후 甲은 2004.1.1. 가족에게 A사의 사무실을 임대하고 A사 소유의 공장 기계 등에 대하여 허위의 부동산임대차계약서 및 매매계약서를 작성한 후 2004.1.2. A사에 대해 폐업신고를 하고 전직원을 2004.1.1.자로 퇴직처리하였다. 그리고 자신의 아들을 이사로 등재하여 같은 업종의 C주식회사를 설립하여 위 회사를 실질적으로 운영하고 있다. 이에 근로자 乙은 A사가 자신을 부당해고 한 것이라 주장하며 정신적 손해에 따른 위자료를 청구하였다. 乙의 청구는 타당한가?

[대법원 2011. 3. 10. 선고 2010다13282 판결]

1. 참고 : 위장폐업에 의한 부당해고의 불법행위의 구성요건

사용자가 **근로자들에게 어떠한 해고사유도 존재하지 아니함에도 노동조합 활동을 혐오한 나머지, 경영상 어려움 등 명목상 이유를 내세워 사업 자체를 폐지하고 근로자들을 해고함으로써** 일거에 **노동조합을 와해시키고 조합원 전원을 사업장에서 몰아내고는 다시 기업을 재개하여** 종전 회사와 다를 바 없는 회사를 통하여 여전히 예전의 기업 활동을 계속하는 것은 **우리의 건전한 사회통념이나 사회상규상 용인될 수 없는 행위이므로, 이러한 위장폐업에 의한 부당해고는 근로자에 대한 관계에서 불법행위를 구성한다.**

2. 임금청구권과 손해배상 청구권

따라서 근로자들로서는 위장폐업에 의한 **부당해고가 무효임을 이유로 민법 제538조 제1항에 따라** 구회사 내지는 그와 실질적으로 동일성을 유지하고 있는 신설회사에 대하여 계속 근로하였을 경우 그 반대급부로 받을 수 있는 **임금의 지급을 구할 수 있음**은 물론이고, 아울러 **위장폐업에 의한 부당해고가 불법행위에 해당함을 이유로 손해배상을 구할 수 있으며,** 그 중 **어느 쪽의 청구권이라도 선택적으로 행사할 수 있다.** 부당해고된 근로자가 해고 무효를 주장하면서 사용자에게 민법 제538조 제1항에 의하여 해고 기간 중의 임금 지급을 청구하는 소는 그 실체가 근로계약에 따른 임금청구권의 행사인 반면, **부당해고가 불법행위를 구성한다는 이유로 임금 상당의 손해**

배상을 청구하는 것은 그 자체로는 근로계약과 무관한 청구로서 양자는 그 법적 근거와 성질을 달리하고,

부당해고로 인하여 근로자에게 손해가 발생하였는지 여부는 **부당해고 피해자인 근로자가 부당해고가 없었더라면 향유하거나 취득할 수 있었던 이익이 부당해고로 말미암아 상실되거나 취득할 수 없게 된 것에 따른 불이익이 발생하였는지 여부에 의하여 판단할 것**이지, 부당해고가 존재하지 아니하였을 경우에 취득할 수 있는 법률상 권리인 임금청구권을 유효하게 가지고 있느냐 여부에 따라 그 손해의 발생 여부가 좌우되는 것은 아니다.

3. 위자료 배상의 책임

위장폐업에 의한 부당해고는 사회통념이나 사회상규상 용인될 수 없는 것으로 불법행위를 구성하므로, 사용자는 그로 인하여 **근로자들이 입게 된 정신적 고통에 대한 위자료를 배상할 책임이 있다.**

A사는 甲을 업무상 명령 불복을 이유로 1989.7.19. 징계해고하였다. 이에 甲은 A사를 상대로 해고무효확인등의 소를 제기하였고, 원심법원은 이 사건 해고는 노동조합의 설립을 못마땅하게 여긴 A사가 노동조합의 핵심간부인 甲을 선별적으로 해고한 것으로 실질적으로는 甲의 조합활동을 이유로 징계해고한 것이어서 무효라고 판단하였다. 이에 A사는 근로기준법 제28조에 따라 근로자는 노동위원회에 부당해고 구제신청을 할 수 있다고 규정하고 있으므로, 甲이 노동위원회에 부당해고 구제신청을 하지 않고 법원에 해고무효확인의 소를 제기한 것은 부적법하다고 주장하며 상고하였다. A사의 주장은 타당한가?

[대법원 1991. 7. 12. 선고 90다9353 판결]

근로기준법 제28조의 규정은 부당해고를 당한 근로자에게 노동위원회에 그 구제를 신청할 수 있는 길을 열어 놓고 있으나 **그렇다고 해서 해고를 둘러싼 쟁송에 대한 민사소송의 관할권을 박탈한 것으로 해석되지 아니한다.**

따라서 이 사건 해고무효확인의 소를 부적법한 것으로 전제하는 상고논지는 받아들일 수 없다.

사업주변동과 근로관계

047. 영업양도과 근로관계의 승계

1998.3.20. A사는 D사의 전장사업부문과 관련된 일체의 자산을 271억원에 매수하는 내용의 '자산매매계약'을 체결하였다. 계약서상에는 A사는 D사의 종업원을 인수할 의무를 부담하지 않는 것으로 명시되어 있다. D사의 근로자들은 사직서를 제출하고 A사에 새로이 입사하는 형식을 취하였지만 자산매매계약의 내용과 달리 실질적인 입사절차를 거치지 않은 채 소정의 기한 내에 재취업신청서를 제출하여 입사의사를 표시한 D사의 근로자 전부를 채용하였다. A사는 D사 소속 근로자 이외의 근로자는 채용한 바 없었고, D사 소속 근로자들은 D사에서의 직급에 상응하는 직급을 A사에서 부여받아 그 이전에 수행하던 업무를 그대로 수행하였다.

한편, D사 소속 근로자 甲은 노동조합의 방침에 따라 일괄 고용승계 등을 주장하며 재취업신청서 제출을 의도적으로 거부하다 마감기한을 경과하여 제출·반려되어 A에 입사할 수 없었다. 그 후 甲은 D사에 사직서를 제출하고 퇴직위로금도 수령하였다. 甲의 근로계약 관계는 A사에 승계되는가?

[대법원 2002. 3. 29. 선고 2000두8455 판결]

1. 영업양도의 의의

영업의 양도라 함은 **일정한 영업목적에 의하여 조직화된 업체 즉, 인적·물적 조직을 그 동일성은 유지하면서 일체로서 이전하는 것**으로서 영업의 일부만의 양도도 가능하고,

2. 판단기준

여기서 영업의 동일성 여부는 **일반 사회관념에 의하여 결정되어져야 할 사실인정의 문제**이기는 하지만, 문제의 행위(양도계약관계)가 영업의 양도로 인정되느냐 안 되느냐는 단지 어떠한 영업재산이 어느 정도로 이전되어 있는가에 의하여 결정되어져야 하는 것이 아니고 **거기에 종래의 영업조직이 유지되어 그 조직이 전부 또는 중요한 일부로서 기능할 수 있는가에 의하여 결정되어져야 하는 것이므로,** 예컨대 영업재산의 전부를 양도했어도 그 조직을 해체하여 양도했다면 영업의 양도는 되지 않는 반면에 **그 일부를 유보한 채 영업시설을 양도했어도 그 양도한 부분만으로도 종래의 조직이 유지되어 있다고 사회관념상 인정되면 그것을 영업의 양도**라 볼 것이다.

이 사안의 자산매매계약의 매수인(A사)이 매도인(B사)인 자동차부품 생산기업으로부터 전장사업

부문을 영업목적으로 하여 일체화된 물적·인적 조직을 그 동일성을 유지한 채 포괄적으로 이전받음으로써 영업을 양수하였다고 보인다.

3. 영업양도와 근로관계의 승계

영업이 양도되면 반대의 특약이 없는 한 **원칙적으로 양도인과 근로자 사이의 근로관계는 원칙적으로 양수인에게 포괄적으로 승계**되고,

영업양도 당사자 사이에 **근로관계의 일부를 승계의 대상에서 제외하기로 하는 특약**이 있는 경우에는 그에 따라 근로관계의 승계가 이루어지지 않을 수 있으나, **그러한 특약은 실질적으로 해고나 다름이 없으므로 근로기준법 제23조 제1항 소정의 정당한 이유가 있어야 유효**하며, **영업양도 그 자체만을 사유로 삼아 근로자를 해고하는 것은 정당한 이유가 있는 경우에 해당한다고 볼 수 없다.**

4. 근로자의 승계거부권

영업양도에 의하여 양도인과 근로자 사이의 근로관계는 원칙적으로 양수인에게 포괄승계되는 것이지만 **근로자가 반대의 의사를 표시함으로써 양수기업에 승계되는 대신 양도기업에 잔류하거나 양도기업과 양수기업 모두에서 퇴직할 수도 있는 것이고**, 영업이 양도되는 과정에서 근로자가 **일단 양수기업에의 취업을 희망하는 의사를 표시**하였다고 하더라도 **그 승계취업이 확정되기 전이라면 취업희망 의사표시를 철회**하는 방법으로 위와 같은 반대의사를 표시할 수 있는 것으로 보아야 한다.

이 사안에서 근로자가 제출한 사직서가 비록 형식적으로는 양도기업(D사)을 사직하는 내용으로 되어 있더라도 실질적으로는 양수기업(A사)에 대한 재취업 신청을 철회 또는 포기함과 아울러 양도기업을 사직하는 의사를 담고 있는 것이라고 봄이 상당하다.

[대법원 2001. 11. 13. 선고 2000다18608 판결]
- 회사의 일방적 경영방침에 따라 중간퇴직한 경우 계속근로관계 단절 여부

영업양도의 경우에는 특단의 사정이 없는 한 근로자들의 근로관계 역시 양수인에 의하여 계속적으로 승계되는 것으로, **영업양도시 퇴직금을 수령하였다는 사실만으로 전 회사와의 근로관계가 종료되고 인수한 회사와 새로운 근로관계가 시작되었다고 볼 것은 아니고** 다만, 근로자가 자의에 의하여 사직서를 제출하고 퇴직금을 지급받았다면 계속근로의 단절에 동의한 것으로 볼 여지가 있지만, 이와 달리 **회사의 경영방침에 따른 일방적 결정으로 퇴직 및 재입사의 형식을 거친 것이라면 퇴직금을 지급받았더라도 계속근로관계는 단절되지 않는 것이다.**

기간제법, 파견법, 산업재해보상법

048. 기간제 근로계약과 갱신기대권

　서울시는 '서울특별시 장애인콜택시 관리 및 운행에 관한 조례'를 제정하고, 이 조례에 기하여 서울특별시시설관리공단(이하 'A공단')과 장애인콜택' 운행에 관한 위·수탁계약을 체결하였다. 조례에 따르면 서울시로부터 장애인콜택시의 관리 등을 위탁받은 수탁자는 다시 이를 제3자에게 재위탁할 경우 그 계약기간을 1년 단위로 하도록 규정되어 있다. 이에 A공단은 위탁기간을 2002년 12월부터 2003년 12월까지 1년간으로 정하여 수탁자 공모를 하였고, 공모에 응모한 자 중에서 선정된 甲을 비롯한 운전자 100명과의 사이에 위탁기간을 2002. 12. 9.부터 2003. 12. 31.까지로 정하여 계약서를 작성하였다. 계약서에 의하면 계약기간을 정하면서, 계약의 유효기간 중에 양 당사자 중 일방에게 계약을 유지할 수 없는 사정이 있는 경우 30일 전까지 서면으로 상대방에게 통지만 하면 중도 해지할 수 있도록 규정하고 있고, 위탁기간이 만료되거나 계약이 중도 해지되는 경우에는 계약이 종료되는 것으로 규정하고 있다.

　한편, A공단과 甲 등이 체결한 계약서 및 관련 법령 등에서 계약기간이 만료된 근로자에 대하여 재계약을 체결할 의무를 지우거나 구체적인 재계약절차 및 요건 등에 관한 규정은 없다. 그러나 A공단은 그 소속 운전자들에 대한 위탁기간이 만료될 무렵인 2003년 11월경 심사항목 및 배점, 갱신 기준 점수 등 이 사건 심사기준표를 정하여 운전자들을 심사하여 갱신 기준 점수인 총점 70점 이상인 자들에 대해서 전원 계약기간을 연장하였는데, A공단이 정한 심사기준은 1일 콜 횟수, 교통법규 위반 등 평가자의 주관적인 판단이 개입될 여지가 없는 내용으로 이루어져 있어 소속 운전자들 사이에 위 심사기준에 따른 심사 결과 갱신 기준 점수 이상의 점수를 얻게 되는 경우에는 계약이 갱신될 수 있었다.

　2003.12.30. 甲은 기준점수 미달을 이유로 갱신거절통보를 받았다. 이에 甲은 갱신거절을 당할 이유가 없음에도 본 계약이 갱신되지 않은 것은 부당해고라 주장한다. 甲의 주장은 타당한가?

[대법원 2011. 4. 14. 선고 2007두1729 판결]

---

1. 기간의 정함이 형식에 불과한 경우

　기간을 정한 근로계약서를 작성한 경우에도 예컨대 단기의 근로계약이 장기간에 걸쳐서 반복하여 갱신됨으로써 그 정한 기간이 단지 형식에 불과하게 된 경우 등 **계약서의 내용과 근로계약이 이루어지게 된 동기 및 경위, 기간을 정한 목적과 당사자의 진정한 의사, 동종의 근로계약 체결방식에 관한 관행 그리고 근로자보호법규 등을 종합적으로 고려하여 그 기간의 정함이 단**

지 형식에 불과하다는 사정이 인정되는 경우에는 계약서의 문언에도 불구하고 그 경우에 **사용자 가 정당한 사유 없이 갱신계약의 체결을 거절하는 것은 해고와 마찬가지로 무효로 된다.**

2. 갱신기대권의 인정 여부

그러나 근로계약, 취업규칙, 단체협약 등에서 기간만료에도 불구하고 ① **일정한 요건이 충족되 면 당해 근로계약이 갱신된다는 취지의 규정**을 두고 있거나, 그러한 **규정이 없더라도 근로계약 의 내용과 근로계약이 이루어지게 된 동기 및 경위, 계약 갱신의 기준 등 갱신에 관한 요건이 나 절차의 설정 여부 및 그 실태, 근로자가 수행하는 업무의 내용 등 당해 근로관계를 둘러싼 여러 사정을 종합하여 볼 때 근로계약 당사자 사이에 일정한 요건이 충족되면** ② **근로계약이 갱신된다는 신뢰관계가 형성되어 있어 근로자에게 근로계약이 갱신될 수 있으리라는 정당한 기대권이 인정되는 경우**에는, 사용자가 이를 위반하여 **부당하게 근로계약의 갱신을 거절하는 것은 부당해고와 마찬가지로 아무런 효력이 없고**, 이 경우 기간만료 후의 근로관계는 종전의 근 로계약이 갱신된 것과 동일하다.

서울특별시시설관리공단이, 계약기간을 1년으로 정하여 장애인콜택시 운행에 관한 위·수탁계약 을 체결하고 장애인콜택시의 운행업무를 수행하던 운전자 甲 등에게 계약에서 정한 위탁기간이 만 료되었고 갱신계약 체결 대상자 선정을 위한 심사에서 탈락하였다는 취지의 통지를 한 사안에서, 서 울특별시의 장애인콜택시 운영계획에 계약기간을 1년 단위로 갱신하도록 하면서 그 취지가 부적격 자의 교체에 있음을 명시하고 있고, 장애인콜택시 사업을 한시적·일시적 사업이라고 볼 수 없는 점, 위·수탁 계약에서 위탁기간 연장 규정을 두고 있는 점 등을 종합하면, **甲 등을 비롯한 위 시설관리 공단 소속 운전자들에게는 기간제 근로계약이 갱신되리라는 정당한 기대권이 인정된다고 보 아야 하고, 위 공단이 공정성 및 객관성이 결여된 심사과정을 거쳐 甲 등에 대하여 갱신 기준 점수 미만이라는 점을 들어 위 계약의 갱신을 거절한 것은 정당성을 결여하여 효력이 없다.**

[대법원 2016. 11. 10. 선고 2014두45765 판결] - 기간제법 시행 이후 갱신기대권 적용여부

기간제법의 시행으로 사용자가 2년의 기간 내에서 기간제근로자를 사용할 수 있고, 기간제근로자 의 총 사용기간이 2년을 초과할 경우 기간제근로자가 기간의 정함이 없는 근로자로 간주되더라도, **기 간제법 제4조의 입법 취지가 기본적으로 기간제 근로계약의 남용을 방지함으로써 근로자의 지위를 보장하려는 데에 있는 점**을 고려하면, 기간제법의 시행만으로 ① **시행 전에 이미 형성된 기간제근로자의 갱신에 대한 정당한 기대권이 배제 또는 제한된다고 볼 수는 없다.** 나아가 위 규정에 의하여 ② **기간제근로자의 갱신에 대한 정당한 기대권 형성이 제한되는 것도 아니다.**

049. 기간제근로자에 대한 차별적 처우의 금지

甲은 2007.11.1. A은행과 기간제 근로계약을 체결하고 내부통제점검업무(1일 2~3개소 영업점을 방문해 점검항목의 적정 처리 여부를 점검하는 업무)를 수행하여 오다가 2009.9.28. 계약기간의 만료로 퇴사했다.

A은행은 임금피크제의 적용을 받는 정규직 근로자들에게 주된 업무로 영업마케팅 업무를, 부수적인 업무로 내부통제점검 업무를 부여했으나, 그들에게 구체적인 영업목표액을 부여한다거나 영업마케팅 활동에 대한 출장보고서나 상담실적 등을 관리·감독하지 않은 채 영업마케팅 업무의 수행을 전적으로 근로자들의 자율에 맡겼다. 정규직 근로자들은 소속 영업점에서 매일 8시간 근무하면서 그중 2시간은 내부통제업무를, 나머지 시간은 영업마케팅업무를 했는데, 2008년 기준으로 임금피크제 대상 근로자 65명 중 영업실적이 있는 직원은 40명이고, 나머지 25명은 영업실적이 전혀 없었고, 영업실적이 있는 직원의 1인 연평균 영업실적은 27만원에 불과했다. A은행은 영업실적이 있는 정규직 영업마케팅·내부통제점검자 40명의 영업마케팅 실적을 근무성과평가에 반영하지는 않았다.

A은행은 노동조합과의 합의에 따라 임금피크제 근로자 165명을 자점검사전담자로 인사발령하여 연수를 실시하고 2009.2.경부터 이들로 하여 계약기간이 만료되어 퇴직하는 기간제 내부통제점검자들의 후임으로 내부통제점검 업무를 수행하게 하였다.

관련 규정 및 지침에 근거해 2009.1.16.~2009.4.10. 동안 정규직 임금피크제 근로자에게 월 통근비 25만원과 중식대 20만원을 지급한 반면 내부통제점검자들에게는 월 통근비 20만원과 중식대 10만원을 지급하였다. 또한 정규직 임금피크제 근로자의 보수는 80%의 고정급여와 20%의 변동성과급으로 규정되어 있었다. 반면 甲을 비롯한 내부통제점검자들에게는 아무런 변동성과급이 지급되지 않았다. 이에 甲은 정규직 임금피크제 근로자에 비해 통근비, 중식대, 변동성과급 등을 차등지급하거나 지급하지 않은 것은 차별적 처우에 해당한다고 주장하면서 관할 지방노동위원회에 차별적 처우 시정신청을 하였다.

[대법원 2012. 10. 25. 선고 2011두7045 판결]

1. 비교대상 근로자 판단

기간제 근로자에 대하여 차별적 처우가 있었는지를 판단하기 위한 **비교 대상 근로자로 '당해 사업 또는 사업장에서 동종 또는 유사한 업무에 종사하는 기간의 정함이 없는 근로계약을 체결한 근로자'**를 들고 있다.

비교 대상 근로자로 선정된 근로자의 업무가 기간제 근로자의 업무와 **동종 또는 유사한 업무에 해당하는지는** 취업규칙이나 근로계약 등에 **명시된 업무 내용이 아니라 근로자가 실제 수행하**

여 온 업무를 기준으로 판단하되, 이들이 수행하는 업무가 서로 완전히 일치하지 않고 업무의 범위 또는 책임과 권한 등에서 다소 차이가 있다고 하더라도 **주된 업무의 내용에 본질적인 차이가 없다면, 특별한 사정이 없는 이상 이들은 동종 또는 유사한 업무에 종사한다고 보아야 한다.**

2. 불리한 처우의 의미

기간제법 제2조 제3호는 차별적 처우를 "임금 그 밖의 근로조건 등에서 합리적인 이유 없이 불리하게 처우하는 것"으로 정의하고 있다. 여기서 **'불리한 처우'란 사용자가 임금 그 밖의 근로조건 등에서 기간제 근로자와 비교 대상 근로자를 다르게 처우함으로써 기간제 근로자에게 발생하는 불이익 전반을 의미**하고,

3. 합리적 이유의 판단기준

'합리적인 이유가 없는 경우'란 기간제 근로자를 **달리 처우할 필요성이 인정되지 않거나, 달리 처우할 필요성이 인정되는 경우에도 그 방법·정도 등이 적정하지 않은 경우**를 의미한다.

그리고 **'합리적인 이유가 있는지'**는 개별 사안에서 문제가 된 불리한 처우의 내용 및 사용자가 불리한 처우의 사유로 삼은 사정을 기준으로 기간제 근로자의 **고용형태, 업무 내용과 범위·권한·책임, 임금 그 밖의 근로조건 등의 결정요소 등을 종합적으로 고려하여 판단**해야 한다.

이 사안에서 사용자가 기간제근로자들에 대한 중식대와 통근비를 비교 대상 근로자인 영업마케팅·내부통제점검자 및 자점검사전담자에 대한 **중식대와 통근비**보다 적은 금액으로 책정하여 지급한 것은 **불리한 처우에 해당**하고, 중식대와 통근비가 실비변상의 성격을 가진 점, 사용자가 텔러직, 지원직 등 다른 기간제 근로자들에게도 중식대와 통근비를 지급한 사정에 비추어 이들 수당을 장기근속 유도와 직접 연관시키기 어려운 것으로 보이는 점 등을 종합하면, 위와 같이 사용자가 기간제 근로자들에게 중식대와 통근비를 불리하게 지급한 데에 **합리적인 이유가 있는 것으로 볼 수 없다**고 판단하였다.

그러나 **변동성과급**은 고정된 연보수에 추가로 지급되는 것이 아니라 그 자체가 연보수의 일부를 구성하고 이는 **장기근속 유도와 직접관련이 있는 것**이며 사용자가 기간제근로자에게도 연보수의 20%에 해당하는 성과급을 지급하면 당초 연보수의 120%를 받는 것이어서 오히려 정규직 근로자보다 높은 급여를 받게 되는 것이므로 이를 지급하지 않은 것은 **합리적 이유가 있다.**

[대법원 2011. 12. 22. 선고 2010두3237 판결] - 임금차별의 '계속되는 차별처우' 해당여부

기간제법 제9조 제1항에서 정한 차별적 처우의 시정신청기간은 제척기간이므로 그 기간이 경과하면 그로써 기간제법에 따른 시정을 신청할 권리는 소멸하나, **계속되는 차별적 처우의 경우 종료일부터 6월 이내에 시정을 신청하였다면 계속되는 차별적 처우 전체에 대하여 제척기간을 준수한 것이 된다.** 한편 사용자가 계속되는 근로 제공에 대하여 기간제근로자 또는 단시간근로자에게 차별적인 규정 등을 적용하여 **차별적으로 임금을 지급하여 왔다면 특별한 사정이 없는 이상 그와 같은 임금의 차별적 지급은** 기간제법 제9조 제1항 단서에서 정한 **'계속되는 차별적 처우'에 해당**한다고 보는 것이 타당하다.

선박제조업을 영위하는 A사와 사내협력업체인 B사는 A사와 도급계약을 체결하고 계약에 따라 A사의 일부업무를 수행하고 있다. B사 소속 근로자에 대해 A사는 일반적인 작업배치권과 변경결정권을 가지고 B사 근로자가 수행할 작업량과 작업방법, 작업순서, 작업속도, 작업장소, 작업시간 등을 결정하였다. A사는 B사 소속 근로자를 직접 지휘하거나 B사 소속 현장관리인 등을 통하여 구체적인 작업 지시를 하였는데, 이는 A사가 결정한 사항을 전달한 것에 불과하거나 그러한 지휘·명령이 A사에 의하여 통제된 것에 불과하였다. B사 소속 근로자는 A사 소속 근로자와 같은 조에 배치되어 동일한 업무를 수행하였고, A사는 소속 근로자의 결원이 발생하는 경우 B사 근로자로 하여금 그 결원을 대체하게 하기도 하였다. 또한 A사는 B사 근로자에 대한 휴게시간 부여, 연장 및 야간근로, 교대제 운영 등을 결정하고 B사를 통하여 B사 소속 근로자의 근태상황 등을 파악하는 등 사내협력업체 근로자를 실질적으로 관리하여 왔다. B사의 고유하고 특유한 업무가 별도로 있는 것이 아니라 A사의 필요에 따라 B사의 업무가 구체적으로 결정되기도 하였고, B사 소속 근로자의 담당 업무는 A사가 미리 작성하여 교부한 각종 조립작업지시표 등에 의하여 동일한 작업을 단순 반복하는 것으로서 B사의 전문적인 기술이나 근로자의 숙련도가 요구되지 않고 업무수행에 있어 B사의 고유 기술이나 자본이 투입된 바 없었다. 2007.1.1. B사에 입사하여 A사의 사업장에서 근로를 제공하고 2009.1.2. 해고당한 甲은 부당해고라 주장하며 A사를 상대로 노동위원회에 구제신청을 하였다.

[대법원 2015. 2. 26. 선고 2010다106436 판결]

---

1. 참고 : 묵시적근로계약관계의 성립여부

원고용주에게 고용되어 제3자의 사업장에서 제3자의 업무를 수행하는 사람을 제3자의 근로자라고 하기 위해서는, 원고용주가 사업주로서의 독자성이 없거나 독립성을 결하여 제3자의 노무대행기관과 동일시할 수 있는 등 그 존재가 형식적·명목적인 것에 지나지 아니하고, 사실상 당해 피고용인은 제3자와 종속적인 관계에 있으며 실질적으로 임금을 지급하는 주체가 제3자이고 근로 제공의 상대방도 제3자이어서, 당해 피고용인과 제3자 사이에 묵시적 근로계약관계가 성립하였다고 평가할 수 있어야 한다.

2. 근로자파견의 기본적인 판단기준

원고용주가 어느 근로자로 하여금 제3자를 위한 업무를 수행하도록 하는 경우 그 법률관계가 파견근로자보호 등에 관한 법률의 적용을 받는 **근로자파견에 해당하는지**는 당사자가 붙인 계약의 **명칭이나 형식에 구애될 것이 아니라**, 근로관계의 **실질에 따라 판단**하여야 한다.

3. 구체적인 판단기준

근로자파견에 해당하는지는 **제3자**가 당해 근로자에 대하여 직·간접적으로 ① **업무수행 자체에 관한 구속력 있는 지시를 하는 등 상당한 지휘·명령을 하는지**, 당해 근로자가 ② **제3자 소속 근로자**와 하나의 작업집단으로 구성되어 **직접 공동 작업**을 하는 등 **제3자의 사업에 실질적으로 편입**되었다고 볼 수 있는지, ③ **원고용주가** 작업에 투입될 **근로자의 선발이나 근로자의 수, 교육 및 훈련, 작업·휴게시간, 휴가, 근무태도 점검 등에 관한 결정 권한을 독자적으로 행사하는지**, ④ **계약의 목적이 구체적**으로 범위가 한정된 업무의 이행으로 **확정되고** 당해 근로자가 맡은 업무가 제3자 소속 근로자의 업무와 **구별**되며 그러한 **업무에 전문성·기술성**이 있는지, ⑤원고용주가 **계약의 목적을 달성하기 위하여 필요한 독립적 기업조직이나 설비를 갖추고 있는지** 등의 요소를 바탕으로 근로관계의 실질에 따라 판단하여야 한다.

이 사안에서 사내협력업체(B사)가 그 소속 근로자에 대하여 사용자로서의 권리·의무를 행사하지 않았다고 보이지는 않을 뿐만 아니라 사내협력업체가 소속 근로자에 대한 인사권·징계권을 행사함에 있어 원청이 직접 관여하였다는 점을 인정할 만한 구체적인 자료가 없어 사내협력업체가 사업주로서의 독자성이 없거나 독립성을 상실하였다고 볼 수 있을 정도로 그 존재가 형식적·명목적인 것이라고 할 수는 없다는 이유로, 위 원고들과 피고 사이에 **묵시적 근로계약관계가 성립하였다고 단정할 수 없다고 판단하였으나, 근로자파견에 해당한다고 판단하였다.**

[대법원 2013. 11. 28. 선고 2011다60247 판결] - 사용사업주의 안전배려의무

1. 사용사업주의 안전배려의무

근로자파견에서의 **사용사업주는 파견근로와 관련하여 그 자신도 직접 파견근로자를 위한 보호의무 또는 안전배려의무를 부담**함을 용인하고, 파견사업주는 **이를 전제로 사용사업주와 근로자파견계약을 체결**하며, 파견근로자 역시 사용사업주가 위와 같은 **보호의무 또는 안전배려의무를 부담함을 전제로 사용사업주에게 근로를 제공**한다고 봄이 타당하다. 그러므로 파견관계에서 사용사업주와 파견근로자 사이에는 특별한 사정이 없는 한 파견근로와 관련하여 **사용사업주가 파견근로자에 대한 보호의무 또는 안전배려의무를 부담한다는 점에 관한 묵시적인 의사의 합치가 있다고 할 것**이고

2. 안전배려의무 위반과 파견근로자의 손해배상 청구

따라서 사용사업주의 보호의무 또는 **안전배려의무 위반으로 손해를 입은 파견근로자**는 사용사업주와 직접 고용 또는 근로계약을 체결하지 아니한 경우에도 위와 같은 **묵시적 약정에 근거하여 사용사업주에 대하여 보호의무 또는 안전배려의무 위반을 원인으로 하는 손해배상을 청구할 수 있다.**

[대법원 2015. 11. 26. 선고 2013다14965 판결] - 사용사업주의 직접고용의무 위반 시 파견근로자의 사법상 권리와 파견사업주의 변경

1. 직접고용의무 위반 시 파견근로자의 사법상 권리

파견기간 제한을 위반한 사용사업주는 직접고용의무 규정에 의하여 파견근로자를 직접 고용할 의무가 있으므로, 파견근로자는 **사용사업주가 직접고용의무를 이행하지 아니하는 경우 사용사업주를 상대로 고용 의사표시를 갈음하는 판결을 구할 사법상의 권리**가 있고, 판결이 확정되면 **사용사업주와 파견근로자 사이에 직접고용관계가 성립한다.** 또한 파견근로자는 사용사업주의 직접고용의무 불이행에 대하여 **직접고용관계가 성립할 때까지의 임금 상당 손해배상금을 청구할 수 있다.**

2. 파견사업주의 변경과 직접고용의무의 상관관계

파견법상 직접고용간주 및 직접고용의무 규정은 사용사업주가 파견기간 제한을 위반하여 계속적으로 파견근로자를 사용하는 행위에 대하여 행정적 감독이나 **처벌과는 별도로** 사용사업주와 파견근로자 사이의 사법관계에서도 직접고용관계의 성립을 간주하거나 **사용사업주에게 직접고용의무를 부과함으로써 근로자파견의 상용화·장기화를 방지하면서 파견근로자의 고용안정을 도모할 목적에서 사용사업주와 파견근로자 사이에 발생하는 법률관계 및 이에 따른 법적 효과를 설정하는 것**으로서,

내용이 **파견사업주와는 직접적인 관련이 없고**, 적용 요건으로 파견기간 중 **파견사업주의 동일성을 요구하고 있지도 아니하므로**, 사용사업주가 파견기간 제한을 위반하여 파견근로자에게 업무를 계속 수행하도록 한 경우에는, **특별한 사정이 없는 한 파견기간 중 파견사업주가 변경되었다는 이유만으로 직접고용간주 규정이나 직접고용의무 규정의 적용을 배제할 수는 없다.**

051. 업무상재해와 제3자 구상권

산재보험법에 의한 보험가입자인 A회사가 자신이 시공하는 건물신축공사 중 전기공사 부분을 B에게 도급하였다. A소속 방수공들인 甲과 乙은 건물신축공사의 주차장 바닥에 방수공사를 하기 위하여 제3자의 출입을 막는 줄을 쳐 두었는데, B에게 고용된 丙이 전기공사를 하려고 흙이 묻은 신발을 신은 채 주차장 안으로 들어갔다.

이에 乙이 丙의 행위를 탓하며 욕하자 丙도 욕을 하면서 乙을 때릴 기세로 乙에게 다가가 멱살을 잡았다. 이를 보고 있던 甲이 丙의 뒤에서 허리춤을 잡고 목뼈 부분에 심한 충격을 주어 丙으로 하여금 상해를 입게 하였다. 이에 丙은 위의 상해가 업무상재해에 해당한다며 근로복지공단에 요양신청을 하여 산재보상을 받았다. 이 후 공단은 가해자인 甲과 乙을 상대로 구상금청구소송을 하였다. 공단은 甲과 乙에게 구상권을 행사할 수 있겠는가?

[대법원 2011. 7. 28. 선고 2008다12408 판결]

1. 타인의 폭력에 의한 재해의 업무상재해 해당여부

'업무상 재해'란 업무상 사유에 의한 근로자의 부상·질병·신체장해 또는 사망을 말하는데, 근로자가 **직장 안에서 타인의 폭력에 의하여 재해를 입은 경우,** 그것이 가해자와 피해자 사이의 사적인 관계에 기인한 때 또는 피해자가 직무의 한도를 넘어 상대방을 자극하거나 도발한 때에는 업무상 사유에 의한 것이라고 할 수 없어 업무상 재해로 볼 수 없으나, **직장 안의 인간관계 또는 직무에 내재하거나 통상 수반하는 위험의 현실화로서 업무와 상당인과관계가 있으면 업무상 재해로 인정하여야 한다.**

2. 동료근로자의 가해행위의 업무상재해 해당여부

동료 근로자에 의한 가해행위로 인하여 다른 근로자가 재해를 입어 그 재해가 업무상 재해로 인정되는 경우에 그러한 가해행위는 **마치 사업장 내 기계기구 등의 위험과 같이 사업장이 갖는 하나의 위험**이라고 볼 수 있으므로, **위험이 현실화하여 발생한 업무상 재해에 대하여는 근로복지공단이 궁극적인 보상책임을 져야 한다고 보는 것이 산업재해보상보험의 사회보험적 내지 책임보험적 성격에 부합한다.**

3. 동일한 산재보험관계 내에 있는 자의 경우

이에 더하여 **사업주를 달리하는 경우에도** 하나의 사업장에서 어떤 사업주의 근로자가 다른 사업주의 근로자에게 재해를 가하여 근로복지공단이 재해 근로자에게 보험급여를 한 경우, 근로복지공단은 산재법 제87조 제1항에 의하여 가해 근로자 또는 사용자인 사업주에게 구상할 수 없다는 것까지 고려하면, **근로자가 동일한 사업주에 의하여 고용된 동료 근로자의 행위로 인하여 업무상 재해를 입은 경우**에 동료 근로자는 **보험가입자인 사업주와 함께 직·간접적으로 재해 근로자와 산업재해보상보험관계를 가지는 사람으로서 산재법 제87조 제1항에 규정된 '제3자'에서 제외된다.**

건물신축 공사현장에서 작업진행방식 등에 관한 근로자들 상호 의사소통 부족으로 인하여 야기된 다툼으로서 직장 안의 인간관계 또는 직무에 내재하거나 통상 수반하는 위험이 현실화된 것이므로 업무와 재해 사이에는 상당인과관계가 인정되고, 다만 **A회사가 산재법 규정에 의해 丙에 대해서도 보험가입자의 지위에 있는 사업주인 이상, 가해 근로자인 甲, 乙과 피해 근로자인 丙는 보험가입자인 A회사와 함께 직·간접적으로 산업재해보상보험관계를 가지는 사람**으로서 산새법에 규정된 **'제3자'에서 제외된다.**

집단적 노사관계법

◈ 노동조합법 일반

◈ 노동조합

◈ 단체교섭

◈ 단체협약

◈ 쟁의행위

◈ 부당노동행위

노동조합법 일반

052. 하수급업체의 '주요방위산업체' 해당 여부

甲은 헌법 제33조 제3항에서 말하는 주요방위산업체인 A사의 특수선 사업부에 소속된 사내협력업체인 B사에서 2013.7.12.부터 2015.20.까지 방산물자인 특수선의 도장업무에 종사한 근로자로서 2014.11.6. 08:00경부터 09:00경까지 공장에서 파업을 한 것을 비롯하여 2015.1.23.까지 총 32회에 걸쳐 파업을 하였다. 甲이 노조법 제41조 제2항을 위반하였는지 판단하시오.

[대법원 2017. 7. 18. 선고 2016도3185 판결]

1. 헌법상 노동3권과 단체행동권의 제한

헌법 제33조 제1항 및 제3항은 근로자의 **근로3권에 관하여 기본권 최대보장의 원칙을 선언함**과 동시에, 남북이 대치하고 있는 특수한 상황에서 주요방위산업체 **근로자의 단체행동으로 발생하는 국가의 안전보장에 대한 위해를 방지하기 위하여 주요방위산업체에 종사하는 근로자에 대한 단체행동권을 법률로써 제한하거나 금지할 수 있도록 유보해 둔 것이다.**

2. 노조법 제41조 제2항과 단체행동권의 제한

이를 근거로 노동조합법 제41조 제2항과 같이 **노동조합법은 헌법이 정한 범위에서 주요방위사업체에 종사하는 일정한 근로자에 대하여 단체행동권의 핵심인 쟁의권 자체를 전면적으로 금지하되, 쟁의행위가 금지되는 근로자의 범위를 구체적으로 한정하고 있다.** 나아가 노동조합법 제88조는 이를 위반한 쟁의행위를 5년 이하의 징역 또는 5천만 원 이하의 벌금에 처하도록 정하고 있다.

3. 노조법 제41조 제2항에 따라 단체행동권이 제한되는 근로자의 해석

주요방위산업체의 원활한 가동이 국가의 안전보장에 필수불가결한 요소라는 점에서 법률로써 주요방위산업체 종사자의 단체행동권을 제한하거나 금지하는 것이 불가피하나, **헌법 제37조 제2항**이 규정하는 기본권 제한입법에 관한 최소침해의 원칙과 비례의 원칙, 죄형법정주의의 원칙에서 파생되는 **형벌법규 엄격해석의 원칙**에 비추어 볼 때 **노동조합법 제41조 제2항에 의하여 쟁의행위**

가 금지됨으로써 기본권이 중대하게 제한되는 근로자의 범위는 엄격하게 제한적으로 해석하여야 한다.

4. 하수급업체 소속 근로자의 '주요방위산업체 종사자' 해당 여부

방위사업법 등 관계 법령이 정한 요건과 절차에 따라 산업자원부장관이 주요방위산업체를 개별적으로 지정하도록 되어 있고, **노동조합법 제41조 제2항은 주요방위산업체로 지정된 업체에 종사하는 근로자 가운데에서도 전력, 용수 및 대통령령에서 구체적으로 열거한 업무에 종사하는 자로 그 적용 범위를 제한하고 있다.** 위에서 본 법해석 원칙에 기초하여 위 법규정의 문언, 내용, 체계와 목적을 종합해 보면, 주요방위산업체로 지정된 회사가 사업의 일부를 사내하도급 방식으로 다른 업체에 맡겨 방산물자를 생산하는 경우에 **하수급업체에 소속된 근로자는 노동조합법 제41조 제2항이 쟁의행위를 금지하는 '주요방위산업체에 종사하는 근로자'에 해당한다고 볼 수 없다.** 주요방위산업체로 지정된 하도급업체의 사업장과 동일한 장소에 근무하면서 **주요 방산물자를 생산하는 업무에 노무를 제공한다는 사정만으로 주요방위산업체로 지정되지 않은 독립된 사업자인 하수급업체에 소속된 근로자가 하도급업체인 주요방위산업체에 '종사'한다고 보는 것은 형벌규정을 피고인에게 불리한 방향으로 지나치게 확장해석하는 것으로서 허용되지 않는다.**

053. 특수형태근로종사자의 노조법상 근로자성

학습지 개발 및 교육 등의 사업을 하는 A사는 전국학습지산업노동조합 소속 조합원이면서 학습지교사들인 학습지교사들과 학습지회원에 대한 관리, 모집, 교육을 내용으로 하는 위탁사업계약을 체결하였다가 그 후 이를 해지하였다. 학습지교사들은 A사가 위탁사업계약을 해지한 것이 부당해고 및 부당노동행위에 해당한다는 이유로 서울지방노동위원회에 구제명령을 신청하였으나, 근로자 또는 노동조합이 아니어서 당사자적격이 없다는 이유로 각하되었다. 그 후 중앙노동위원회도 원고들의 재심신청을 기각하였다.

학습지교사들의 업무 내용, 업무 준비 및 업무 수행에 필요한 시간 등에 비추어 볼 때 학습지교사들이 겸업을 하는 것은 현실적으로 어려웠고, 학습지회원에 대한 관리·교육, 기존 회원의 유지, 회원 모집 등 자신이 제공한 노무에 대한 대가 명목으로 수수료를 지급받았는데 A사로부터 받는 수수료가 학습지교사들의 주된 소득원이었다. 또한 보수를 비롯하여 위탁사업계약의 주요 내용이 A사에 의하여 일방적으로 결정되었고 위탁사업계약관계는 특별한 사정이 없는 한 1년 단위로 갱신되었다. 학습지교사들이 제공한 노무는 A사의 학습지 관련 사업 수행에 필수적인 것으로, 학습지교사들은 A사의 사업을 통해 학습지 개발 및 학습지 회원에 대한 관리·교육 등에 관한 시장에 접근하였다.

또한 A사는 신규 학습지교사들을 상대로 입사실무교육을 실시하고, 사무국장 및 단위조직장을 통하여 신규 학습지교사들을 특정 단위조직에 배정한 후 관리회원을 배정하였다. 학습지교사들은 매월 말일 지국장에게 회원 리스트와 회비 납부 여부 등을 확인한 자료를 제출하고 정기적으로 A사의 홈페이지에 로그인하여 회원들의 진도상황과 진단평가결과 및 회비수납 상황 등을 입력하며, 2~3달에 1회 정도 집필시험을 치렀다. A사는 회원관리카드 및 관리현황을 보유하면서 때때로 학습지교사들에게 일정한 지시를 하고, 주 3회 오전에 원고 학습지교사들을 참여시켜 지국장 주재 조회와 능력향상과정을 진행하기도 하였다. 이 사건 학습지교사들은 노조법상 근로자에 해당하는가?

[대법원 2018. 6. 15. 선고 2014두12598, 2014두12604 병합]

1. 노조법상 근로자에 해당하는지

노동조합법상 근로자는 **타인과의 사용종속관계 하에서 노무에 종사하고 대가로 임금 기타 수입을 받아 생활하는 자**를 말한다.

구체적으로 노동조합법상 근로자에 해당하는 지는, **노무제공자의 소득이 특정 사업자에게 주로 의존하고 있는지, 노무를 제공 받는 특정 사업자가 보수를 비롯하여 노무제공자와 체결하는 계약 내용을 일방적으로 결정하는지, 노무제공자가 특정 사업자의 사업 수행에 필수적인**

노무를 제공함으로써 특정 사업자의 사업을 통해서 시장에 접근하는지, 노무제공자와 특정 사업자의 법률관계가 상당한 정도로 지속적·전속적인지, 사용자와 노무제공자 사이에 어느 정도 지휘·감독관계가 존재하는지, 노무제공자가 특정 사업자로부터 받는 임금·급료 등 수입이 노무 제공의 대가인지 등을 종합적으로 고려하여 판단하여야 한다.

노동조합법은 개별적 근로관계를 규율하기 위해 제정된 근로기준법과 달리, 헌법에 의한 근로자의 노동3권 보장을 통해 근로조건의 유지·개선과 근로자의 경제적·사회적 지위 향상 등을 목적으로 제정되었다. 이러한 노동조합법의 입법 목적과 근로자에 대한 정의 규정 등을 고려하면, 노동조합법 상 근로자에 해당하는지는 노무제공관계의 실질에 비추어 노동3권을 보장할 필요성이 있는 지의 관점에서 판단하여야 하고, 반드시 근로기준법상 근로자에 한정된다고 할 것은 아니다.

비록 근로기준법이 정하는 근로자로 인정되지 않는다 하더라도, 특정 사업자에 대한 소속을 전제로 하지 아니할 뿐만 아니라 '고용 이외의 계약 유형'에 의한 노무제공자까지도 포함할 수 있도록 규정한 노동조합법의 근로자 정의 규정과 대등한 교섭력의 확보를 통해 근로자를 보호하고자 하는 노동조합법의 입법취지를 고려할 때, 참가인의 사업에 필수적인 노무를 제공함으로써 참가인과 경제적·조직적 종속관계를 이루고 있는 원고 학습지교사들을 노동조합법상 근로자로 인정할 필요성이 있다. 또한 경제적 약자의 지위에서 참가인에게 노무를 제공하는 원고 학습지교사들에게 일정한 경우 집단적으로 단결함으로써 노무를 제공받는 특정 사업자인 참가인과 대등한 위치에서 노무제공조건 등을 교섭할 수 권리 등 노동3권을 보장하는 것이 헌법 제33조의 취지에도 부합한다.

2. 노조법상 노동조합에 해당하는지

원고 조합은 노동조합법상 근로자인 학습지교사들이 주체가 되어 자주적으로 단결하여 근로조건의 유지·개선 기타 학습지교사들의 경제적·사회적 지위의 향상을 도모함을 목적으로 조직한 단체이므로 노동조합법 제2조 제4호 본문에서 정한 노동조합에 해당한다.

054. 불법체류 외국인 근로자의 노조법상 근로자성

A노조(서울경기인천이주노동자노동조합)는 서울지방노동청장에게 노조설립신고를 하였으나, 노동청장은 A노조에게 조합원 명부 제출 등 서류보완을 요구하였고, 이후 A노조가 제출을 거부하자 노동청장은 '보완서류 미제출 및 노조의 주된 구성원이 노조가입자격 없는 불법체류외국인'이라는 이유로 설립신고서를 반려하였다. A노조는 그 반려처분의 취소를 구하는 소를 제기하였다. 이 사건 불법체류 이주노동자가 노조법상 근로자에 해당하는가?

[대법원 2015. 6. 25. 선고 2007두4995 전원합의체 판결]

1. 노조법상 근로자의 의미

노동조합법상 근로자란 **타인과의 사용종속관계하에서 근로를 제공하고 그 대가로 임금 등을 받아 생활하는 사람**을 의미하며, 특정한 사용자에게 고용되어 현실적으로 취업하고 있는 사람뿐만 아니라 일시적으로 실업 상태에 있는 사람이나 구직 중인 사람을 포함하여 노동3권을 보장할 필요성이 있는 사람도 여기에 포함되는 것으로 보아야 한다.

2. 출입국관리법령의 입법취지

출입국관리 법령에서 **외국인고용제한규정**을 두고 있는 것은 **취업자격 없는 외국인의 고용이라는 사실적 행위 자체를 금지하고자 하는 것**뿐이지, 나아가 **취업자격 없는 외국인이 사실상 제공한 근로에 따른 권리나 이미 형성된 근로관계에서 근로자로서의 신분에 따른 노동관계법상의 제반 권리 등의 법률효과까지 금지하려는 것으로 보기는 어렵다.**

따라서 타인과의 사용종속관계하에서 근로를 제공하고 그 대가로 임금 등을 받아 생활하는 사람은 노동조합법상 근로자에 해당하고, **노동조합법상의 근로자성이 인정되는 한, 그러한 근로자가 외국인인지 여부나 취업자격의 유무에 따라 노동조합법상 근로자의 범위에 포함되지 아니한다고 볼 수는 없다.**

노동조합

055. 노동조합 설립신고 반려처분 취소

A회사는 근로자 총 3,000명을 사용하는 전열기 제조회사로 사내에는 기업별 노동조합인 B노동조합이 존재한다. A회사에는 최근 10명 정도의 종업원을 조합원으로 하여 근로조건 유지개선 등을 주된 목적으로 C노동자연대가 구성되었고, C노동자연대는 행정관청에 규약을 첨부하여 설립신고서를 제출하였다. 행정관청은 설립신고서가 제출된 무렵 우연히 언론자료를 통하여 C노동자연대에 「노동조합 및 노동관계조정법」상 '항상 사용자의 이익을 대표하여 행동하는 자'인 乙이 가입·활동하고 있다는 사실을 알게 되었다. 행정관청은 乙의 가입을 이유로 C노동자연대의 설립신고서를 반려하였으나, C노동자연대는 행정관청의 심사권이 과도하여 설립신고 반려처분은 위법하다고 주장한다. C노동자연대의 주장은 타당한가?

[대법원 2014. 4. 10. 선고 2011두6998 판결]

1. 설립심사제도의 취지와 실질적 심사

설립심사제도의 취지가 노동조합으로서의 실질적 요건을 갖추지 못한 노동조합의 난립을 방지함으로써 근로자의 자주적이고 민주적인 단결권 행사를 보장하려는 데 있는 점을 고려하면, **행정관청은 해당 단체가 소극적 요건에 해당하는지 여부를 실질적으로 심사할 수 있다.**

2. 심사범위의 한계

다만 행정관청에 광범위한 심사권한을 인정할 경우 행정관청의 ① 심사가 자의적으로 이루어져 신고제가 사실상 허가제로 변질될 우려가 있는 점, ② 노동조합법은 설립신고 당시 제출하여야 할 서류로 설립신고서와 규약만을 정하고 있고(제10조 제1항), ③ 행정관청으로 하여금 보완사유나 반려사유가 있는 경우를 제외하고는 설립신고서를 접수받은 때로부터 3일 이내에 신고증을 교부하도록 정한 점(제12조 제1항) 등을 고려하면, **행정관청은 일단 제출된 설립신고서와 규약의 내용을 기준으로 소극적 요건에의 해당 여부를 심사하여야 한다.**

그러나 **설립신고서를 접수할 당시 그 해당 여부가 문제된다고 볼 만한 '객관적인 사정'이 있는 경우에 한하여 설립신고서와 규약 내용 외의 사항에 대하여 실질적인 심사를 거쳐 반려 여부를 결정할 수 있다고 보아야 한다.**

056. 사용자 또는 이익대표자의 노동조합 가입 배제

A대학교를 설치·운영하는 A학교법인은 전국대학노동조합(이하 '甲조합')과 단체교섭을 하던 중 甲조합의 산하조직인 노조지부의 조합원들 가운데 그 직책상 사용자 지위에 있다고 판단한 48명의 직원들에게 노조에서 탈퇴하지 않을 경우 인사조치하겠다는 내용 등의 문서를 수차례 발송하였고 이에 甲조합은 이러한 발송행위가 지배개입의 부당노동행위에 해당한다고 주장하면서 관할 지방노동위원회에 구제신청을 하였다.

한편, A사립대학교의 사무직 직원들은 처장, 부처장, 과장, 주임, 담당 등으로 구성되며, 과장급 이상 직원은 일반사무 및 소속 직원의 업무분장·근태관리 등에 관한 전결권을 행사한다. 또한 甲노조지부의 노조원 중에는 주임급 이하로 인사·노무·예산·경리 또는 기획조정업무를 담당하는 사무직원, 총장의 비서 내지 전속운전기사, 수위 등이 있었다. 노동조합법상 "사업주를 위하여 행동하는자" 및 "항상 사용자의 이익을 대표하여 행동하는자"가 존재하는지 판단하시오.

[대법원 2011. 9. 8. 선고 2008두13873 판결]

1. 노조법 제2조 제4호 단서 (가)목의 취지

노동조합법 제2조 제2호, 제4호 단서 (가)목에 의하면, 노동조합법상 사용자에 해당하는 사업주, 사업의 경영담당자 또는 그 사업의 근로자에 관한 사항에 대하여 **사업주를 위하여 행동하는 자**와 **항상 사용자의 이익을 대표하여 행동하는 자**는 **노동조합 참가가 금지되는데, 그 취지는 노동조합의 자주성을 확보하려는 데 있다.**

2. '사업주를 위하여 행동하는 자' 및 '항상 사용자의 이익을 대표하여 행동하는 자'의 의미

'그 사업의 근로자에 관한 사항에 대하여 사업주를 위하여 행동하는 자'란 **근로자의 인사, 급여, 후생, 노무관리 등 근로조건 결정 또는 업무상 명령이나 지휘·감독을 하는 등의 사항에 대하여 사업주로부터 일정한 권한과 책임을 부여받은 자**를 말하고,

'항상 사용자의 이익을 대표하여 행동하는 자'란 근로자에 대한 인사, 급여, 징계, 감사, 노무관리 등 **근로관계 결정에 직접 참여**하거나 사용자의 **근로관계에 대한 계획과 방침에 관한 기밀사항 업무를 취급할 권한**이 있는 등과 같이 **직무상 의무와 책임이 조합원으로서 의무와 책임에 직접적으로 저촉되는 위치에 있는 자**를 의미한다. 따라서 **이러한 자에 해당하는지는 일정한 직급이나 직책 등에 의하여 일률적으로 결정되어서는 안 되고, 업무 내용이 단순히 보조적·조언적인 것에 불과하여 업무 수행과 조합원 활동 사이에 실질적인 충돌이 발생할 여지가 없는 자도 여기에 해당하지 않는다.**

이 사안에서 **주임급 이하의 직원들은 인사, 노무, 예산, 경리 등 업무를 담당한다거나 총장 비서 또는 전속 운전기사, 수위 등으로 근무한다고 하여 곧바로 '항상 사용자의 이익을 대표하여 행동하는 자'에 해당한다고 할 수 없으므로,** 이들이 **실제 담당하는 업무 내용 및 직무권한 등을 확인**하여 '항상 사용자의 이익을 대표하여 행동하는지'를 심리해야 하고, 또한 조합원 가입 자격 유무에 따라 부당노동행위의사가 있었는지를 판단할 것이 아니라 그 밖에 이를 추정할 수 있는 사정이 있는지 더 심리한 후 부당노동행위 해당 여부를 판단했어야 한다는 이유로, **주임급 이하 직원 전부 또는 대부분이 조합원 자격이 없는 '항상 사용자의 이익을 대표하여 행동하는 자'에 해당한다며 이들에게 노동조합 탈퇴를 요구한 행위가 부당노동행위에 해당하지 않는다고 본 원심판결에 법리오해 등 위법이 있다.**

057. 유니온 숍 협정과 노조가입 거부의 신의칙 위반 여부

甲노동조합과 A사가 체결한 단체협약에서 "회사의 종업원은 노조의 조합원이어야 한다. 회사의 종업원은 고용 계약일로부터 3개월이 경과하면 조합원이 되며, 노조 가입을 거부하거나 탈퇴할 경우 회사는 이를 즉시 해고하여야 한다. 본 조항은 노동조합이 당해 사업장 근로자의 3분의 2 이상을 대표하고 있을 경우에 한한다."는 규정을 두어 이른바 유니언 숍 협정을 하였다.

甲노조 조합원 34명은 1992. 11. 6. 실시된 분회장 선거에서 자신들이 지지한 후보가 낙선된 것에 불만을 품고 甲조합에 조합탈퇴서를 제출하였다. 그 후 탈퇴서 제출 조합원들은 1993. 7. 23. 다시 甲조합에 노조가입원을 제출하였다. 한편, 甲노조는 탈퇴서 제출 조합원들 중 8명만을 조합원으로 재가입시키고 나머지 조합원들의 재가입은 거부하였고 재가입을 거부당한 조합원은 조합원 지위의 확인을 구하는 소를 제기하였다. 甲노조의 재가입 거부는 타당한가?

[대법원 1996. 10. 29. 선고 96다28899 판결]

1. 노동조합 가입의 법적성격

근로자가 노동조합에 가입하는 행위는 그 성질상 근로자의 가입 청약과 조합의 승낙에 의하여 이루어지는 것이다.

2. 유니온 숍 협정 하에서 조합 가입 거부·제한

노동조합이 조합원의 자격을 갖추고 있는 근로자의 조합 가입을 함부로 거부하는 것은 허용되지 아니하고, 특히 유니언 숍 협정에 의한 가입강제가 있는 경우에는 단체협약에 명문 규정이 없더라도 노동조합의 요구가 있으면 사용자는 노동조합에서 탈퇴한 근로자를 해고할 수 있기 때문에 조합측에서 근로자의 조합 가입을 거부하게 되면 이는 곧바로 해고로 직결될 수 있으므로 조합은 노조가입 신청인에게 제명에 해당하는 사유가 있다는 등의 특단의 사정이 없는 한 그 가입에 대하여 승인을 거부할 수 없고, 따라서 조합 가입에 조합원의 사전 동의를 받아야 한다거나 탈퇴 조합원이 재가입하려면 대의원대회와 조합원총회에서 각 3분의 2 이상의 찬성을 얻어야만 된다는 조합 가입에 관한 제약은 그 자체가 위법 부당하므로, 특별한 사정이 없는 경우에까지 그와 같은 제약을 가하는 것은 기존 조합원으로서의 권리남용 내지 신의칙 위반에 해당된다.

유니언 숍 협정이 있는 사업장의 일부 조합원이 노동조합에 불만을 품고 탈퇴하였다가 다시 재가입 신청을 하였으나 그들 중 일부만의 가입을 승인하고 나머지에 대하여는 승인을 거부한 것은 권리남용 내지 신의직 위반에 해당한다.

058. 대의원회가 있는 경우 총회의 규약 제·개정 권한

A노조 규약은 제15조에서 "본 조합은 다음과 같은 기구를 둔다."고 규정하면서 '총회(제1호)', '대의원대회(제2호)' 등을 들고 있고, 제23조에서 "대의원대회의 의결사항은 다음과 같다."고 규정하면서 '규약, 규정의 제정 및 개정에 관한 사항(제1호)', '연합단체의 설립, 가입 또는 탈퇴에 관한 사항(제5호)' 등을 들고 있다.

A노조는 2010. 4. 19. '규약 개정에 관한 사항' 등을 안건으로 하는 긴급총회를 개최하겠다는 취지를 공고한 다음, 2010. 4. 27.부터 같은 달 28.까지 그 총회를 개최하여 규약 제23조 제1호, 제5호에 의하여 대의원대회의 의결사항으로 정해진 '규약개정에 관한 사항'과 '연합단체의 설립, 가입 또는 탈퇴에 관한 사항'을 총회의 의결사항으로 변경하는 안건을 재적조합원 중 62.18%의 투표와 투표조합원 중 80.18%의 찬성으로 가결하였다. 대의원회 대표자 甲은 위 총회결의는 규약을 위반하였음을 이유로 행정청에게 시정명령을 신청하였다. 행정청은 지방노동위원회로부터 총회결의에 대한 시정명령 의결을 받아 해당 규약을 시정하라는 명령을 하였다. 이에 A노조는 행정관청의 시정명령의 취소를 구하는 소를 제기하였다. 행정관청의 시정명령은 적법한가?

[대법원 2014. 8. 26. 선고 2012두6063 판결]

1. 대의원회와 총회 의결사항의 구분

노동조합법 제16조 제1항, 제2항, 제17조 제1항에 따라 노동조합이 **규약에서 총회와는 별도로 총회에 갈음할 대의원회를 두고 총회의 의결사항과 대의원회의 의결사항을 명확히 구분하여 정하고 있는 경우, 특별한 사정이 없는 이상 총회가 대의원회의 의결사항으로 정해진 사항을 곧바로 의결하는 것은 규약에 반한다.**

2. 총회의 규약 제·개정권한 소멸 여부

다만 규약의 제정은 총회의 의결사항으로서(노동조합법 제16조 제1항 제1호) **규약의 제·개정권한은 조합원 전원으로 구성되는 총회의 근원적·본질적 권한이라는 점**, 대의원회는 규약에 의하여 비로소 설립되는 것으로서(노동조합법 제17조 제1항) **대의원회의 존재와 권한은 총회의 규약에 관한 결의로부터 유래된다는 점** 등에 비추어 볼 때, 총회가 규약의 제·개정결의를 통하여 총회에 갈음할 대의원회를 두고 '규약의 개정에 관한 사항'을 대의원회의 의결사항으로 정한 경우라도 **이로써 총회의 규약개정권한이 소멸된다고 볼 수 없고, 총회는 여전히** 노동조합법 제16조 제2항 단서에 정해진 재적조합원 과반수의 출석과 출석조합원 3분의 2 이상의 찬성으로 **'규약의 개정에 관한 사항'을 의결할 수 있다.**

059. 대의원의 간접선출을 규정한 규약의 노조법 위반 여부

A노동조합(전국철도노동조합)은 철도청 산하 각 현업기관에서 근무하는 직원과 철도관련산업 및 이에 관련되는 부대업체에서 근무하는 직원들을 그 조직대상으로 하여 설립된 노동조합으로서, 철도청 직할 현업기관과 지방본부를 두고, 각 지방본부 산하에 지부를 두고 지부에 작업장 단위로 반을 두고 있다. A노동조합은 직종별, 분야별, 소속별 근무형태가 서로 다르고 24시간 주야로 기차를 운행하여야 하는 특수한 근무여건과 총조합원 28,508명이라는 규모상 조합원을 특정한 일시, 장소에 소집하여 총회를 개최하는 것이 사실상 불가능하여 총회에 갈음하는 대의원대회를 채택하고 있다. A노동조합의 규약에 따르면 총회에 갈음하는 대의원회의 구성원인 전국 대의원을 조합원이 직접 선출하는 것이 아니라 지부 단위로 조합원에 의하여 선출된 대의원으로 구성된 지방본부 대의원회를 통하여 선출하며 규약 및 세칙에서 조합원 수에 비례하여 각 대의원 수를 배정하고 있다.

A노동조합은 1996. 5. 23. 위원장을 비롯한 95명의 대의원이 참석한 가운데 1996년도 전국 정기 대의원대회를 개최하여 1996년도 사업계획과 예산안을 통과시켰다. 이에 조합원 甲 등은 조합의 규약 등에 간접선거에 의한 전국 대의원의 선출 및 전국 대의원대회의 구성이 규정되어 있음을 근거로 1996년도 전국 정기대의원대회에서 결의된 사항의 효력을 다투는 소를 제기하였다. 조합원 甲 등의 청구는 타당한가?

[대법원 2000. 1. 14. 선고 97다41349 판결]

1. 노조법 제17조 제2항의 취지 및 강행규정 여부

노동조합법 제17조 제2항이 노동조합의 최고의결기관인 총회에 갈음할 대의원회의 대의원을 조합원의 직접·비밀·무기명투표에 의하여 선출하도록 규정하고 있는 취지는, 노동조합의 구성원인 조합원이 그 조합의 조직과 운영에 관한 의사결정에 관여할 수 있도록 함으로써 조합 내 민주주의, 즉 **조합의 민주성을 실현하기 위함에 있고 이는 강행규정이라고 할 것**이므로,

2. 간접선출방법을 정한 규약의 유효성

다른 특별한 사정이 없는 한 위 법 조항에 위반하여 조합원이 대의원의 선출에 직접 관여하지 못하도록 **간접적인 선출방법을 정한 규약이나 선거관리규정 등은 무효**라 할 것이다.

그런데 피고의 전국 대의원 선출에 관한 위 각 규정들은 위 법 조항을 무시한 채 간접적으로 전국 대의원들을 선출하도록 규정하고 있음이 분명하므로 특별한 사정이 없는 한 강행규정인 위 노동조합법 제20조 제2항에 위반되어 무효라고 할 것이다.

지부 또는 지방본부 단위로 조합원 수에 비례하여 전국 대의원 수를 배정하고 그 지부 또는 지방본부에서 조합원들이 총회에 갈음할 대의원회의 대의원들을 직접·비밀·무기명투표에 의하여 선출한다면 반드시 전체 조합원이 한 곳에 모여 전국 대의원을 선출하지 아니하여도 위 노동조합법 제20조 제2항의 취지에 맞게 전국 대의원을 선출하는 것이 되므로, 전국 대의원들과 같이 조합원에 의하여 직접 선출되지 아니한 자들이 전국 대의원회의 의사결정시에 조합원의 의사를 최대한 반영할 수 있는지 여부와 관계없이, 원심이 내세운 사정만 가지고는 위 노동조합법 제20조 제2항의 규정이 간접으로 대의원을 선출하는 것을 예외적으로 허용하는 것이라고 해석될 수도 없다 할 것이다. 사정이 이러함에도 불구하고 **원심이 그 내세운 사유가 있으면 예외적으로 간접선거에 의한 전국 대의원 선출도 가능하다고 해석하여 전국 대의원대회를 구성하는 방식에 관한 피고의 규약 등이 노동조합법 제20조 제2항에 위반된다고 볼 수 없다고 판단한 조치에는 필경 노동조합법 제20조 제2항에 관한 법리를 오해한 위법이 있다.**

 여객운수업을 수행하는 A사에는 A사 소속 근로자로 구성된 전국자동차노동조합 B지부가 있다. 2014년 체결한 단체협약은 B지부 지부장에 대하여 노동조합법 제24조 제4항에 근거하여 근로시간을 면제하되, 근로시간 면제자의 급여를 월 320만원으로 정하며, 근속년수에 따른 월 10만원의 근속수당을 매년 가산하여 지급한다고 규정하였다. 지부장인 甲은 단체협약에 의한 유급의 근로시간 면제자로서 2014. 1.부터 퇴직할 때까지 A사와의 협의나 교섭, 고충처리 등 노사관계 발전을 위한 노동조합의 유지·관리업무를 수행하였다. 甲과 동일한 근로시간동안 근무하는 동일 직급 및 호봉의 근로자들은 월 평균 250만원의 임금을 지급받았을 뿐 근속수당은 지급받은 바 없었으며 甲과 비슷한 수준의 급여를 받은 근로자는 없었다. 甲의 퇴사시점에 퇴직금을 산정함에 있어 甲에게 지급한 급여의 성질은 무엇이며 퇴직금 산정의 기초인 평균임금은 어떻게 산정되어야 하는지 논하시오. 단, 근로기준법상 평균임금 산정방법은 논외로 한다.

[대법원 2018. 4. 26. 선고 2012다8239 판결]

---

1. 근로시간면제제도의 취지

 이 규정은 **노동조합이 사용자에게 경제적으로 의존하는 것을 막고 노동조합의 자주성을 확보하기 위하여 노조전임자 급여 지원 행위를 금지하는 대신, 사용자의 노무관리업무를 대행하는 노조전임자 제도의 순기능도 고려하여 일정한 한도 내에서 근로시간 면제 방식으로 노동조합 활동을 계속 보장하기 위한 것이다.**

2. 급여의 성질, 임금

 근로시간 면제 제도의 규정 내용, 취지, 관련 규정 등을 고려하면, **근로시간 면제자에 대한 급여는** 근로시간 면제자로 지정되지 아니하고 일반 근로자로 근로하였다면 해당 사업장에서 동종 혹은 유사 업무에 종사하는 동일 또는 유사 직급·호봉의 **일반 근로자의 통상 근로시간과 근로조건 등을 기준으로 받을 수 있는 급여 수준이나 지급 기준과 비교하여 사회통념상 수긍할 만한 합리적인 범위를 초과할 정도로 과다하지 않은 한** 근로시간 면제에 따라 **사용자에 대한 관계에서 제공한 것으로 간주되는 근로의 대가로서, 그 성질상 임금에 해당하는 것으로 봄이 타당하다.**

3. 과다책정된 급여지급의 부당노동행위 해당여부

 따라서 **근로시간 면제자에게 급여를 지급하는 행위는 특별한 사정이 없는 한 부당노동행위가 되지 않는 것이 원칙이다.** 다만 **타당한 근거 없이 과다하게 책정된 급여를 근로시간 면제**

자에게 지급하는 사용자의 행위는 노동조합법 제81조 제4호 단서에서 허용하는 범위를 벗어나는 것으로서 노조전임자 급여 지원 행위나 노동조합 운영비 원조 행위에 해당하는 부당노동행위가 될 수 있고, 단체협약 등 노사 간 합의에 의한 경우라도 달리 볼 것은 아니다.

4. 근로시간면제자의 퇴직금 산정 시 초과지급된 급여의 처리

따라서 근로시간 면제자의 퇴직금과 관련한 평균임금을 산정할 때에는 특별한 사정이 없는 한 근로시간 면제자가 단체협약 등에 따라 지급받는 급여를 기준으로 하되, 다만 **과다하게 책정되어 임금으로서 성격을 가지고 있지 않은 초과 급여 부분은 제외하여야 한다.**

061. 조합전임자의 업무상 재해

甲은 1993. B주식회사에 입사하여 택시기사로 근무하면서 A노동조합(전국민주택시노동조합) 충효택시분회 부분회장으로의 업무도 수행하여 왔는데, 甲은 B사의 승인 하에 노조전임자로 인정받아 전임자 업무도 수행하였다. 甲은 A노조가 '실질적인 노조활동의 방안을 모색하여 정착단계에 있는 임금제도의 발전적인 대안수립 등의 수련활동을 전개한다'는 목적하에 충남 태안군 안면읍 소재 샛별해수욕장에서 개최한 '2001 여름 해변수련학교'라는 행사에 참가하여 2001. 8. 21. 11:30경 행사의 하나인 바닷물 높이뛰기 경기를 하던 중 백사장에 머리를 부딪히는 사고를 당하여 '사지마비, 요골건 손상, 천추부 욕창, 경추부 골절, 경추신경 손상, 신경인성 방광'의 부상을 입었다.

이에 甲은 2002. 3. 29. 근로복지공단에게 이 사건 상병에 대한 요양신청을 하였으나, 공단은 2002. 4. 30. 위 행사의 주최자가 B사가 아닌 A조합으로서 사업주인 B사의 지배·관리하에서 발생한 업무상 재해가 아니라는 취지의 이유를 들어 요양불승인처분을 하였다. 甲의 재해는 업무상 재해에 해당하는가?

[대법원 2007. 3. 29. 선고 2005두11418 판결]

1. 원 칙

노동조합업무 전임자가 근로계약상 본래 담당할 업무를 면하고 노동조합의 업무를 전임하게 된 것이 단체협약 혹은 사용자인 회사의 승낙에 의한 것이라면, **이러한 전임자가 담당하는 노동조합업무는 회사의 노무관리업무와 밀접한 관련을 가지는 것으로서 사용자가 본래의 업무 대신에 이를 담당하도록 하는 것이어서 그 자체를 바로 회사의 업무**로 볼 수 있다.

따라서 전임자가 **노동조합업무를 수행하거나 이에 수반하는 통상적인 활동을 하는 과정에서 업무에 기인하여 발생한 재해는 산업재해보상보험법 제5조 제1호 소정의 업무상 재해에 해당**한다.

2. 예 외

① **업무의 성질상 사용자의 사업과는 무관한 상부 또는 연합관계에 있는 노동단체와 관련된 활동이나 ② 불법적인 노동조합활동 또는 ③ 사용자와 대립관계로 되는 쟁의단계에 들어간 이후의 활동 등은 노동조합의 회사의 업무라 할 수 없으므로 업무상 재해에서의 '업무'에 해당하지 아니한다.**

한편, 산업별 노동조합은 기업별 노동조합과 마찬가지로 동종 산업에 종사하는 근로자들이 직접 가입하고 원칙적으로 소속 단위사업장인 개별 기업에서 단체교섭 및 단체협약체결권과 조정신청 및 쟁의권 등을 갖는 단일조직의 노동조합이라 할 것이므로, **산업별 노조의 노동조합 업무를 ① 사용자의 사업과 무관한 상부 또는 연합관계에 있는 노동단체와 관련된 활동으로 볼 수는 없다.**

　기업별 노동조합인 발레오만도 노동조합은 전국금속노동조합 경주지부 발레오만도지회(이하 'B지회')로 조직형태를 변경하여 2001. 2.경 산업별 노동조합인 전국금속노동조합에 편입되었다. 그 후 B지회는 2010. 5. 19. 및 2010. 6. 7. B지회의 총회를 개최하여 '기업별 노동조합으로 조직형태를 재변경하고 규약을 제정하며 새로운 임원을 선출하는' 내용의 결의를 하였다.

　한편 B지회는 전국금속노동조합의 모범 지회 규칙을 바탕으로 제정된 자체규칙과 총회·지회장 등의 기관을 갖추고 활동해왔다. 기업별 노동조합으로 형태를 변경한 뒤 행정청에 노동조합 설립신고를 하였고, 행정청은 이를 수리하였다. 그러나 B지회의 지회장 甲은 위 총회결의가 무효임을 확인하는 소를 제기하였다. B지회는 조직형태변경의 주체가 될 수 있는가?

[대법원 2016. 2. 19. 선고 2012다96120 전원합의체 판결]

　산업별 노동조합의 지회 등이더라도, 외형과 달리 ① 독자적인 노동조합(기업별 노동조합에 준하는 실질) 또는 ② 노동조합 유사의 독립한 근로자단체로서 법인 아닌 사단(기업별 노동조합과 유사한 근로자단체)에 해당하는 경우에는, 자주적·민주적인 총회의 결의를 통하여 소속을 변경하고 독립한 기업별 노동조합으로 전환할 수 있고, 노동조합 또는 법인 아닌 사단으로서의 실질을 반영한 노동조합법 제16조 제1항 제8호 및 제2항에 관한 해석이 근로자들에게 결사의 자유 및 노동조합 설립의 자유를 보장한 헌법 및 노동조합법의 정신에 부합한다.

1. 기업별 노동조합에 준하는 실질

　노동조합법 제2조 제4호 본문, 제5조, 제10조, 제16조 제1항 제8호, 제2항과 재산상 권리·의무나 단체협약의 효력 등의 법률관계를 유지하기 위한 조직형태의 변경 제도의 취지와 아울러 개별적 내지 집단적 단결권의 보장 필요성, 산업별 노동조합의 지부·분회·지회 등의 하부조직의 독립한 단체성 및 독자적인 노동조합으로서의 실질에 관한 사정 등을 종합하면, 노동조합법 제16조 제1항 제8호 및 제2항은 노동조합법에 의하여 설립된 노동조합을 대상으로 삼고 있어 노동조합의 단순한 내부적인 조직이나 기구에 대하여는 적용되지 아니하지만, 산업별 노동조합의 지회 등이더라도, 실질적으로 하나의 기업 소속 근로자를 조직대상으로 하여 구성되어 독자적인 규약과 집행기관을 가지고 독립한 단체로서 활동하면서 조직이나 조합원에 고유한 사항에 관하여 독자적인 단체교섭 및 단체협약체결 능력이 있어 기업별 노동조합에 준하는 실질을 가지고 있는 경우에는, 산업별 연합단체에 속한 기업별 노동조합의 경우와 실질적인 차이가 없으므로, 노동조합법 제16조 제1항 제8호 및 제2항에서 정한 결의 요건을 갖춘 소속 조합원의 의사 결정을 통하여 산업별 노동조합에 속한 지회 등의 지위에서 벗어나 **독립한 기업별 노동조합으로 전환함으로써 조직형태를 변경할 수 있다.**

2. 기업별 노동조합과 유사한 법인 아닌 사단의 실질

또한 산업별 노동조합의 지회 등이 **독자적으로 단체교섭을 진행하고 단체협약을 체결하지는 못하더라도, 법인 아닌 사단의 실질을 가지고 있어 기업별 노동조합과 유사한 근로자단체로서 독립성이 인정되는 경우에, 지회 등은 스스로 고유한 사항에 관하여 산업별 노동조합과 독립하여 의사를 결정할 수 있는 능력을 가지고 있다.**

3. 독자성을 갖춘 지부·분회의 조직형태 변경

의사 결정 능력을 갖춘 이상, 지회 등은 소속 근로자로 구성된 총회에 의한 자주적·민주적인 결의를 거쳐 지회 등의 목적 및 조직을 선택하고 변경할 수 있으며, 나아가 단결권의 행사 차원에서 정관이나 규약 개정 등을 통하여 단체의 목적에 근로조건의 유지·개선 기타 근로자의 경제적·사회적 지위의 향상을 추가함으로써 노동조합의 실체를 갖추고 활동할 수 있다. 그리고 지회 등이 기업별 노동조합과 유사한 독립한 근로자단체로서의 실체를 유지하면서 산업별 노동조합에 소속된 지회 등의 지위에서 이탈하여 기업별 노동조합으로 전환할 필요성이 있다는 측면에서는, 단체교섭 및 단체협약체결 능력을 갖추고 있어 **기업별 노동조합에 준하는 실질을 가지고 있는 산업별 노동조합의 지회 등의 경우와 차이가 없다.** 이와 같은 법리와 사정들에 비추어 보면, **기업별 노동조합과 유사한 근로자단체로서 법인 아닌 사단의 실질을 가지고 있는 지회 등의 경우에도 기업별 노동조합에 준하는 실질을 가지고 있는 경우와 마찬가지로 노동조합법 제16조 제1항 제8호 및 제2항에서 정한 결의 요건을 갖춘 소속 근로자의 의사 결정을 통하여 종전의 산업별 노동조합의 지회 등이라는 외형에서 벗어나 독립한 기업별 노동조합으로 전환할 수 있다.**

단체교섭

063. 초기업별 노조 지부·분회의 단체교섭 당사자성

甲은 택시회사(남성운수)의 대표이사로서 상시근로자 59명을 고용하여 택시운수업을 하는 사용자이다. 甲은 그 회사에 조직된 성남지역택시노조 남성운수지부의 대표자와 택시요금인상에 따른 사납금인상 합의서를 체결하고 이에 근거하여 총 17,920,000원 상당의 임금을 지급하지 않았다. 甲은 단체교섭에 따른 단체협약에 반하여 임금을 지급하지 않았다는 이유로 근기법 제43조 위반으로 공소제기되었다. 이 사건의 쟁점에 대해 논하시오.

[대법원 2001. 2. 23. 선고 2000도4299 판결]

지부·분회의 교섭당사자성 판단

노동조합의 하부단체인 분회나 지부가 **독자적인 규약 및 집행기관을 가지고 독립된 조직체로서 활동을 하는 경우 당해 조직이나 그 조합원에 고유한 사항에 대하여는 독자적으로 단체교섭하고 단체협약을 체결할 수 있고,**

이는 그 분회나 지부가 노동조합및노동관계조정법시행령 제7조의 규정에 따라 **그 설립신고를 하였는지 여부에 영향받지 아니한다.**

따라서 위 임금공제는 피고인이 노동조합의 설립신고를 마치지 않았을 뿐 노동조합으로서의 실질적 요건을 갖추고 있던 지역택시노동조합 지부 대표자와 체결한 단체협약에 따른 것이어서 정당하다.

064. 노조대표자의 협약체결권한의 제한(인준투표제)

사용자인 B회사(쌍용중공업주식회사)에는 기업별 노동조합인 A노조가 존재한다. A노조의 규약 제66조는, "단체교섭에서 합의된 모든 사항은 문서로 작성하며 단체협약의 체결권한은 교섭대표자에게 있고 조합원총회의 결과에 따라 교섭위원 전원이 연명으로 서명한다."고 규정하고 있다. 이에 대해 행정청(창원시장)은 노조법 제29조 위반을 이유로 변경·보완하라는 시정명령을 하였고, A노조는 그 취소를 구하는 소를 제기하였다. A노조의 규약 제66조는 위법한가?

[대법원 1993. 4. 27. 선고 91누12257 판결]

1. 구 노조법 제33조 제1항

구 노동조합법 제33조 제1항 본문은 "노동조합의 대표자 또는 노동조합으로부터 위임을 받은 자는 그 노동자 또는 조합원을 위하여 사용자나 사용자단체와 단체협약의 체결 기타의 사항에 관하여 교섭할 권한이 있다"[1]고 규정하고 있는바, **"교섭할 권한"이라 함은 사실행위로서의 단체교섭의 권한 외에 교섭한 결과에 따라 단체협약을 체결할 권한을 포함한다.**

2. 인준투표제의 위법성

노동조합의 대표자 또는 수임자가 **단체교섭의 결과에 따라 사용자와 단체협약의 내용을 합의한 후 다시 협약안의 가부에 관하여 조합원총회의 의결을 거쳐야만 한다는 것은 대표자 또는 수임자의 단체협약체결권한을 전면적, 포괄적으로 제한함으로써 사실상 단체협약체결권한을 형해화하여 명목에 불과한 것으로 만드는 것이어서 위 법 제33조 제1항의 취지에 위반된다.**

3. 인준투표제와 교섭거부의 정당성

단체교섭의 권한이 있는 자에게 단체협약을 체결할 권한이 없다고 한다면, 사용자를 상대방으로 하는 단체교섭이 원활하게 진행될 수 없으며, 결과적으로 단체교섭의 권한이라는 것 자체가 무의미한 것으로 되고 말 가능성이 있다. 쌍방간의 타협과 양보의 결과로 임금이나 그 밖의 근로조건 등에 대하여 합의를 도출하더라도 다른 결정절차(노동조합의 총회의 결의)를 거쳐야만 그 합의가 효력을 발생할 수 있다는 상황에서라면, **사용자측으로서는 결정의 권한 없는 교섭대표와**

---

1) 현 노조법 제29조 제1항에 따라 구 노조법 제33조 제1항 본문은 "노동조합의 대표자는 그 노동조합 또는 조합원을 위하여 사용자나 사용자단체와 **교섭하고 단체협약을 체결할 권한**을 가진다."로 개정.

의 교섭 내지 협상을 회피하든가 설령 교섭에 임한다 하더라도 성실한 자세로 최후의 양보안을 제출하는 것은 꺼리게 될 것이고, 그와 같은 사용자측의 교섭회피 또는 해태를 정당한 이유 없는 것이라고 비난하기도 어렵다 할 것이다.

[대법원 2014. 4. 24. 선고 2010다24534 판결]

---

1. 전면적 · 포괄적 제한

노동조합법 제29조 제1항에 따르면 노동조합의 대표자는 그 노동조합 또는 조합원을 위하여 사용자나 사용자단체와 교섭하고 단체협약을 체결할 권한을 가지고, 이러한 대표자의 단체협약체결권한을 전면적, 포괄적으로 제한하는 것은 노동조합법 제29조 제1항에 반한다.

2. 전면적 · 포괄적 제한이 아닌 경우

① 그런데 단체협약은 노동조합의 개개 조합원의 근로조건 기타 근로자의 대우에 관한 기준을 직접 결정하는 규범적 효력을 가지는 것이므로 단체협약의 실질적인 귀속주체는 근로자이고, 따라서 **단체협약은 조합원들이 관여하여 형성한 노동조합의 의사에 기초하여 체결되어야 하는 것이 단체교섭의 기본적 요청**인 점,

② **노동조합법 제16조 제1항 제3호는 단체협약에 관한 사항을 총회의 의결사항**으로 정하여 노동조합 대표자가 단체교섭 개시 전에 총회를 통하여 교섭안을 마련하거나 단체교섭 과정에서 조합원의 총의를 계속 수렴할 수 있도록 규정하고 있는 점 등에 비추어 보면,

노동조합이 조합원들의 의사를 반영하고 대표자의 단체교섭 및 단체협약 체결 업무 수행에 대한 적절한 통제를 위하여 규약 등에서 내부 절차를 거치도록 하는 등 **대표자의 단체협약체결권한의 행사를 절차적으로 제한하는 것은, 그것이 단체협약체결권한을 전면적 · 포괄적으로 제한하는 것이 아닌 이상 허용된다**고 보아야 한다.

065. 사업일부폐지의 단체교섭 대상성과 쟁의행위 목적의 정당성

B주식회사는 1989년부터 3년간 사업의 일부인 시설관리사업의 순수 누적적자 30억, 1991년의 순수적자 3억 초과로 시설관리사업부의 폐지 및 근로자의 전환배치를 결정하였으나, B사의 기업별 노동조합인 A노동조합은 근로자의 전환배치에 관한 A사와의 협의를 거부하여 노사간 협의가 결렬되자 위 사업부 폐지의 백지화를 주장하면서 쟁의행위를 하였고, B사는 쟁의행위를 주도한 A노조 간부들을 해고하였으며 이에 따라 해고된 A노조 간부들은 해고의 효력을 다투는 소를 제기하였다.

한편, A노조와 B사가 체결한 단체협약 제55조에 따르면 "회사는 휴폐업(폐쇄), 분할, 합병, 양도 등으로 조합원의 신분변동(전환배치 등)이 불가피할 경우 사전에 노동조합과 협의하여 사후대책을 마련한다."고 규정되어 있다. A노조 간부들에 대한 해고는 정당한가?

[대법원 1994. 3. 25. 선고 93다30242 판결]

1. 단체교섭사항의 한계

회사가 그 산하 **시설관리사업부를 폐지**시키기로 결정한 것은 적자가 누적되고 시설관리계약이 감소할 뿐 아니라 계열사와의 재계약조차 인건비 상승으로 인한 **경쟁력 약화로 불가능해짐에 따라 불가피하게 취해진 조치로서 이는 경영주체의 경영의사 결정에 의한 경영조직의 변경에 해당하여 그 폐지 결정 자체는 단체교섭사항이 될 수 없다.**

2. 쟁의행위 목적의 정당성

노동조합이 시설관리사업부 폐지 자체의 백지화만을 고집하면서 그 폐지에 따를 근로자의 배치전환 등 근로조건의 변경에 관하여 **교섭하자는 회사의 요청을 전적으로 거부하고 폐지 백지화 주장을 관철시킬 목적으로 쟁의행위에 나아갔다면 그 쟁의행위는 그 목적에 있어 정당하지 아니하다.**

피고 회사의 단체협약 제55조에 "회사는 휴폐업(폐쇄), 분할, 합병, 양도, 이전, 업종전환 등으로 조합원의 신분변동(인원감축, 직종변경, 전환배치)이 불가피할 경우 사전에 노동조합과 협의하여 사후대책을 마련한다"고 규정되어 있으나 **이는 불가피한 휴폐업 등의 경우 그 사후대책에 관하여 노동조합과 협의할 것을 정한 것에 불과한 것이고 휴폐업 등을 할 것인지 여부자체에 관하여 노동조합과 협의할 것을 정한 것은 아니라고 보이므로 위 조항에 의하여 시설관리사업부의 폐지문제가 단체교섭의 대상이 된다고 할 수는 없고,** 또 위 문제와 관련해서 피고 회사가 노동조합과 수차례 만나 상호간의 상반된 입장을 확인한 적이 있었다 하더라도 그러한 사실만으로 당연히 위 문제가 단체교섭사항으로 되는 것도 아니라 할 것이다. 나아가 피고 회사가 노조 간부들을 징계해고한 데에는 정당한 이유가 있다.

B사는 1990. 6. 26. 설립된 이래 컨테이너화물의 하역, 운송업 등을 영위하여 온 회사이다. B사 소속 근로자들은 지역·직종별 단위노조인 부산항운노조를 탈퇴하여 전국 규모의 직종별 단위노조인 A노동조합에 가입하여 B사에 1990. 12. 13.부터 2000. 1. 7.경까지 수차례에 걸쳐 교섭에 응할 것을 요구하였다. 그러나 B사는 복수노조에 해당함을 근거로 A노조와의 교섭을 거부하였다. 이에 A노조는 B사를 상대로 교섭거부금지가처분신청을 하였고 지방법원은 2000. 2. 11. A노조는 설립이 금지된 복수노동조합에 해당하지 않으므로 A사는 교섭을 거부하여서는 아니된다는 취지의 가처분결정을 하였으나 B사는 이러한 가처분결정에 위반하여 계속해서 단체교섭을 거부하였다. 이에 A조합은 B사를 상대로 교섭거부의 불법행위에 따른 손해배상(위자료) 청구의 소를 제기하였다. A조합의 청구는 받아들여질 수 있겠는가?

[대법원 2006. 10. 26. 선고 2004다11070 판결]

1. 단체교섭거부행위의 불법행위 해당 요건

사용자의 단체교섭 거부행위가 원인과 목적, 과정과 행위태양, 그로 인한 결과 등에 비추어 건전한 사회통념이나 사회상규상 용인될 수 없다고 인정되는 경우에는 부당노동행위로서 단체교섭권을 침해하는 위법한 행위로 평가되어 불법행위의 요건을 충족하는바,

2. 교섭거부금지가처분결정 이후의 교섭 거부

사용자가 노동조합과의 단체교섭을 정당한 이유 없이 거부하다가 **법원으로부터 노동조합과의 단체교섭을 거부하여서는 아니 된다는 취지의 집행력 있는 판결이나 가처분결정을 받고도 이를 위반하여 노동조합과의 단체교섭을 거부하였다면, 그 단체교섭 거부행위는 건전한 사회통념이나 사회상규상 용인할 수 없는 행위로서 헌법이 보장하고 있는 노동조합의 단체교섭권을 침해하는 위법한 행위이므로 노동조합에 대하여 불법행위가 된다.** 사용자가 '노동조합과의 단체교섭을 거부하여서는 아니 된다'는 취지의 **가처분결정을 받기 전에 해당 노동조합과의 단체교섭을 거부한 것은 불법행위가 되지 않으나**, 위 가처분결정 후에도 해당 노동조합과의 단체교섭을 거부한 것은 그 노동조합에 대하여 불법행위를 구성한다.

단체협약

067. 단체협약의 유효성

A사가 사실상 부도상태에 빠지게 되자, A사 노동조합인 B노동조합은 대의원 대회를 열어 상여금, 휴가비 등을 반납하기로 결의한 후 같은 해 1997.7.23. 그 사실을 A사에 서면으로 통지하고 A사 대표이사와 B노조 위원장은 같은 달 29일 그 내용을 포함한 노사공동결의문을 채택하여 대표이사와 위원장이 각각 서명하였다.

한편 같은 달 31일 B노조는 A사를 제3자가 인수하거나 최고경영진이 변경되는 경우에는 상여금 반납 등 자구계획에 대한 동의를 무효로 한다고 기재한 동의서를 작성·제출하였고 B노조 위원장만 기명날인 하였다.

1998.4.15. 서울지방법원의 회사정리절차개시결정이 있은 후에 B노조와 A사 대표이사는 1997.7.부터 1998.3.31.까지의 상여금 중 50%는 근로자 개개인의 서명을 받아 회사재건기금으로 사용하고, 나머지 50%는 회사측이 정리계획안에 반영하여 지급하도록 노력하기로 약정하는 합의서를 작성하였다. 이러한 상황에서 A사를 퇴사한 甲은 지급되지 않은 상여금 등의 지급을 구하는 소를 제기하였다. 이 사건의 쟁점에 대해 논하시오.

[대법원 2001. 1. 19. 선고 99다72422 판결]

1. 단체협약 체결의 당사자 및 협약체결의 형식적 요건

노동조합과 사이에 체결한 단체협약이 유효하게 성립하려면 **단체협약을 체결할 능력이 있는 사용자가 그 상대방 당사자로서 체결하여야 하고 나아가 서면으로 작성하여 당사자 쌍방이 서명날인함으로써 노동조합법 제31조 제1항 소정의 방식을 갖추어야 하며 이러한 요건을 갖추지 못한 단체협약은 조합원 등에 대하여 그 규범적 효력이 미치지 아니한다.**

문서에 노조 위원장의 기명날인만 있고 회사 대표이사의 기명날인이 되어 있지 아니한 경우, 그 내용은 단체협약으로서의 효력을 가지지 못한다.

2. 회생절차개시결정 이후 협약체결권자

회사정리개시결정이 있는 경우 회사정리법 제53조 제1항에 따라 **회사사업의 경영과 재산의 관리 및 처분을 하는 권한이 관리인에게 전속되므로 정리회사의 대표이사가 아니라 관리인이 근로관계상 사용자의 지위에 있게 되고 따라서 단체협약의 사용자측 체결권자는 대표이사가 아니라 관리인이므로, 정리회사에 대한 회사정리절차가 진행 중 노조와 정리회사의 대표이사 사이에 이루어진 약정은 단체협약에 해당하지 아니하여 그 효력이 근로자 개인에게 미칠 수 없다.**

068. 단체협약의 해석 방법

A사 근로자 甲은 상사의 명령 불복종, 하극상 및 회사 명예훼손 등의 사유로 1997.4.26. 징계해고된 자이다. 이를 다투는 甲의 소송에서 관할 법원은 A사의 甲에 대한 해고처분이 무효임을 확인함과 아울러 A사는 甲에게 임금 상당액을 지급하라고 판결하였고, 이 판결은 대법원을 거쳐 확정되었다. A사는 甲을 복직시키고 확정판결에 따라 甲에게 미지급 임금 상당액을 지급하였다. 그러나 甲은 부당해고 판명 시 지급토록 되어있는 단체협약상의 가산보상금 등을 청구하는 소를 제기하였다.

한편 이 사건 단체협약 제46조(부당징계)에 따르면 "징계처분을 받은 조합원이 법원에 의해 부당징계로 판명되었을 시 회사는 즉시 임금 미지급분에 대해서 출근시 당연히 받아야 할 임금은 물론 평균임금의 100%를 가산 지급한다. 단, 부당징계로 판명 될 때까지 본인이 부담한 관련 실제비용은 회사가 추가 지급한다"고 규정되어 있다. 이 사건의 쟁점에 대해 논하시오.

[대법원 2011. 10. 13. 선고 2009다102452 판결]

1. 처분문서의 해석 방법

단체협약 문언의 객관적인 의미가 명확하게 드러나지 않고 **문언 해석을 둘러싼 이견이 있는 경우에는, 해당 문언 내용, 단체협약이 체결된 동기 및 경위, 노동조합과 사용자가 단체협약에 의하여 달성하려는 목적과 그 진정한 의사 등을 종합적으로 고려하여, 논리와 경험의 법칙에 따라 합리적으로 해석**하여야 한다.

2. 불리 · 변경 해석의 금지

한편 단체협약과 같은 처분문서를 해석함에 있어서는, **단체협약이 근로자의 근로조건을 유지 · 개선하고 복지를 증진하여 그 경제적 · 사회적 지위를 향상시킬 목적으로 근로자의 자주적 단체인 노동조합과 사용자 사이에 단체교섭을 통하여 이루어지는 것이므로, 그 명문의 규정을 근로자에게 불리하게 변형 해석할 수 없다.**

원심이 인정한 사실관계에 의하면, 피고와 그 노동조합 사이에 체결된 이 사건 단체협약 제46조 제2호 본문은 "임금 미지급분에 대해서는 출근 시 당연히 받아야 할 임금은 물론 평균임금의 100%를 가산 지급한다."라고 규정하고 있는데, 위 가산보상금 규정의 내용과 형식, 그 도입 경위와 개정 과정, 위 규정에 의하여 피고의 노 · 사 양측이 달성하려는 목적, 특히 위 가산보상금 규정이 피고의 부당징계를 억제함과 아울러 **징계가 부당하다고 판명되었을 때 근로자를 신속히 원직 복귀시키도록 간접적으로 강제하기 위한 것인 점** 등에 비추어 보면, **미지급 임금 지급 시 가산 지급되**

는 위 '평균임금의 100%'는 근로자가 위와 같은 부당해고 등 부당징계로 인하여 해고 등 당시부터 원직복직에 이르기까지의 전 기간에 걸쳐 지급받지 못한 임금을 의미한다고 보아야 할 것이다. 그럼에도 원심은 이와 다른 견해에서 이 사건 단체협약 제46조 제2호 본문의 '평균임금의 100%'를 단지 1개월분의 평균임금만을 의미한다고 판단하여 원고의 가산보상금 청구를 기각하였으니, 이러한 원심의 조치에는 이 사건 단체협약 규정의 해석에 관한 법리를 오해하여 판결에 영향을 미친 위법이 있다.

069. 단체협약에 의한 근로조건의 불이익 변경

A사와 기업별 노동조합인 B노조 사이에 체결된 1996년도 단체협약에는 상여금으로 연 7회(설날에 50%, 2월 25일, 4월 25일, 6월 25일, 8월 25일, 10월 25일 및 12월 25일에 100%씩)에 걸쳐 650%를 지급하도록 되어 있었으나, 위 단체협약의 유효기간 중인 1997.12.30. 최근의 경제위기로 인한 경영난 타개를 위하여 1997년 12월부터 1998년 6월까지 지급 예정인 상여금(450%)의 지급을 유보하는 '특별 노사합의'를 하였고, 1998.8.13. 체결된 1998년도 단체협약에서는 경영성과와 향후 경영 전망에 따라 상여금의 지급 여부를 결정하는 것으로 합의하였다. 이에 B노조 조합원인 甲은 A사가 지급하지 않은 상여금의 지급을 구하는 소를 제기하였다. 甲의 청구는 정당한가?

[대법원 2000. 9. 29. 선고 99다67536 판결]

1. 협약자치 원칙의 한계

이미 구체적으로 그 지급청구권이 발생한 임금(상여금 포함)이나 퇴직금은 근로자의 사적 재산영역으로 옮겨져 근로자의 처분에 맡겨진 것이기 때문에 노동조합이 근로자들로부터 개별적인 동의나 수권을 받지 않는 이상, <u>**사용자와 사이의 단체협약만으로 이에 대한 포기나 지급유예와 같은 처분행위를 할 수는 없다.**</u>

2. 단체협약의 불이익 변경

(1) 원 칙

협약자치의 원칙상 노동조합은 사용자와 사이에 근로조건을 유리하게 변경하는 내용의 단체협약뿐만 아니라 근로조건을 불리하게 변경하는 내용의 단체협약을 체결할 수 있으므로, 노동조합으로서는 그러한 합의를 위하여 사전에 근로자들로부터 개별적인 동의나 수권을 받을 필요가 없다.

(2) 예 외

근로조건을 불리하게 변경하는 내용의 단체협약이 <u>**현저히 합리성을 결하여 노동조합의 목적을 벗어난 것으로 볼 수 있는 경우**</u>와 같은 특별한 사정이 있는 경우에는 그러한 합의는 무효이다. 이때 단체협약이 현저히 합리성을 결하였는지 여부는 <u>**단체협약의 내용과 그 체결경위, 당시 사용자 측의 경영상태 등 여러 사정에 비추어 판단해야 한다.**</u>

특별노사합의상 이 사건 상여금에 대한 향후의 지급시기가 정해져 있지 않은 점, 합의 당시 우리나라의 전반적인 경제상황 및 피고 회사의 경영상태, 노동조합과 피고가 그와 같은 합의를 한 동기 및 경위에 비추어 보면, **그 합의 당시 노사 양측의 의사는 근로자가 이미 일정기간 동안 실제 근로를 제공함으로써 구체적으로 그 지급청구권이 발생한 상여금에 대하여는 그 지급청구권을 포기하고 향후에는 근로자가 일정기간 동안 실제로 근로를 제공하더라도 회사로서는 그에 따른 상여금을 지급하지 않기로 하는 것이었다고 봄이 상당하다.**

또한 이 사건 상여금 중 특별노사합의 당시 **이미 구체적으로 그 지급청구권이 발생한 1997. 12. 25. 지급분 상여금에 관한 한 그 합의의 효력이 원고들에게 미치지 않고,** 그 나머지 상여금에 관하여는 앞서 본 바와 같이 이를 지급하지 않기로 한 것으로 보더라도, 역시 위와 같은 법리에 비추어 그 합의 내용이 단체협약의 한계를 벗어났다고 볼 것은 아니어서 특별노사합의가 원고들에게 효력이 미친다.

070. 개정된 단체협약과 취업규칙 간의 유리원칙 적용 여부

A사의 취업규칙 제98조와 1998. 1. 21. 개정되기 전의 단체협약 제21조는 무단결근으로 인한 면직기준을 월 7일 이상인 경우로 규정하고 있었는데, A사의 노사는 1997. 10. 30. 무단결근이 경영상 큰 장애가 됨을 인식하고 그 방지를 위하여 상습적인 무단결근자를 엄중히 징계하기로 합의한 다음, 이에 따라 단체협약 중 무단결근자의 면직기준일수를 월 7일에서 월 5일로 단축하기로 합의하여 위 단체협약의 규정을 1998. 1. 21. 그와 같은 내용으로 개정·시행하였으나, 위 취업규칙의 규정은 변경하지 아니하고 그대로 유지하였다. 이후 조합원 甲은 월 5일 무단결근을 사유로 징계해고 되었고 관할 노동위원회에 부당해고구제신청을 하였다. 甲에 대한 해고는 정당한가?

[대법원 2002. 12. 27. 선고 2002두9063]

1. 단체협약의 불이익 변경

협약자치의 원칙상 노동조합은 사용자와 사이에 근로조건을 유리하게 변경하는 내용의 단체협약뿐만 아니라 근로조건을 불리하게 변경하는 내용의 단체협약도 체결할 수 있으므로, 근로조건을 불리하게 변경하는 내용의 단체협약이 현저히 합리성을 결하여 노동조합의 목적을 벗어난 것으로 볼 수 있는 것과 같은 특별한 사정이 없는 한 그러한 노사간의 합의를 무효라고 볼 수는 없다.

2. 개정된 단체협약과 취업규칙 간의 유리원칙 배제

단체협약의 개정에도 불구하고 종전의 단체협약과 동일한 내용의 취업규칙이 그대로 적용된다면 단체협약의 개정은 그 목적을 달성할 수 없으므로 **개정된 단체협약에는 당연히 취업규칙상의 유리한 조건의 적용을 배제하고 개정된 단체협약이 우선적으로 적용된다는 내용의 합의가 포함된 것이라고 봄이 당사자의 의사에 합치한다고 할 것이고,** 따라서 개정된 후의 단체협약에 의하여 취업규칙상의 면직기준에 관한 규정의 적용은 배제된다고 보아야 한다.

A사는 근로자 150여 명을 사용하여 자동차 부품의 개발, 제조 및 판매하는 사업 등을 하는 회사이다. A사는 2008. 7. 5. 시흥시 시화공단에서 화성단지로 사업장을 이전하면서 전국금속노조 경기지부 B지회와 사이에 "현 시화공장 재직인원(2008. 7.말 현재)에 대하여 고용보장을 확약한다."라는 내용의 합의서를 작성하였다.

A사의 매출실적은 특히 2008. 9.경 미국에서 시작된 금융위기의 여파 등으로 인하여 그 무렵부터 급감하였다. 2008. 9.경 사무직 근로자들에 대하여 희망퇴직을 실시하여 그 때부터 같은 해 11.경까지 합계 18명의 근로자들을 희망퇴직으로 처리하였고, 미사용 연차수당의 지급 연기, 학자금의 지급 유보, 순환휴직 등의 조치를 단행하였다. 또한 A사는 2009. 1. 6. B지회에 대하여 "회사는 향후 인위적인 구조조정을 실시하지 않고 고용을 보장하기 위해 최선의 노력을 다할 것을 확약한다."라는 내용의 확약서를 작성하여 주기도 하였다. A사는 2009. 2. 25.부터 같은 해 4. 29.까지 수차례에 걸쳐 B지회에 공문을 발송하면서 '인원정리를 회피하는 방법, 해고의 기준(규모와 절차), 희망퇴직의 시기와 규모 및 위로금 지급조건 등'에 관하여 노사협의회를 통한 논의를 요청하였으나, 협의가 이루어지지 않았다. 이에 A사는 객관적으로 공정한 해고기준을 마련하여 2009. 5. 26. B지회 조합원 甲등을 정리해고 하였고 甲은 관할 노동위원회에 부당해고구제신청을 제기하였다.

한편 2008. 9. 미국발 금융위기에 따른 A사의 매출 급감현상은 2009. 5.경 이후 급속히 회복되는 추세를 보이기 시작했고 판매실적도 급격히 개선되었다. 또한 A사는 정리해고 이후에도 계속하여 연장근로수당을 지급하여 생산직원 절반 이상이 감소한 것에 비하여 급여 총액은 오히려 증가하였다. 또한 정리해고된 근로자 중 8명은 2010. 2.경 A사로 재입사하였다. A사의 2009. 5. 26.자 정리해고는 정당한가?

[대법원 2014. 3. 27. 선고 2011두20406 판결]

1. 임의적 교섭사항에 대한 단체협약의 효력

정리해고나 사업조직의 통폐합 등 기업의 **구조조정의 실시 여부는 경영주체에 의한 고도의 경영상 결단에 속하는 사항으로서 이는 원칙적으로 단체교섭의 대상이 될 수 없으나, 사용자의 경영권에 속하는 사항이라 하더라도 그에 관하여 노사는 임의로 단체교섭을 진행하여 단체협약을 체결할 수 있고, 그 내용이 강행법규나 사회질서에 위배되지 아니하는 이상 단체협약으로서의 효력이 인정된다**(이러한 고용보장에 관한 확약은 단체협약의 규범적 부분에 해당).

2. 고용안정협약에 반하는 정리해고의 효력

(1) 원 칙

따라서 **사용자가 노동조합과의 협상에 따라 정리해고를 제한하기로 하는 내용의 단체협약을 체결하였다면** 특별한 사정이 없는 한 그 단체협약이 강행법규나 사회질서에 위배된다고 볼 수 없고, 나아가 이는 근로조건 기타 근로자에 대한 대우에 관하여 정한 것으로서 **그에 반하여 이루어지는 정리해고는 원칙적으로 정당한 해고라고 볼 수 없다.**

(2) 예 외

다만 정리해고의 실시를 제한하는 단체협약을 두고 있더라도, **그 단체협약을 체결할 당시의 사정이 현저하게 변경되어 사용자에게 그와 같은 단체협약의 이행을 강요한다면 객관적으로 명백하게 부당한 결과에 이르는 경우에는 사용자가 단체협약에 의한 제한에서 벗어나 정리해고를 할 수 있을 것이다.**

그러나 이 사건 회사가 이 사건 특별교섭 합의서 체결 당시 예상하지 못하였던 심각한 재정적 위기에 처하여 고용보장에 관한 확약의 효력을 유지하는 것이 객관적으로 부당한 상황에 이르렀다고 보기는 어려우므로 고용보장에 관한 확약에 반하여 단행된 이 사건 정리해고는 부당하다.

 A학교법인은 전국대학노동조합 외대지부의 간부들이 구 협약 만료(2006.2.28.)후 신 협약 체결을 위한 파업기간(2006.4.6. ~ 2007.1.22.)중 불법행위를 주도하였다는 이유로 2006.10.10.과 2006.12.7. 개최된 각 징계위원회에서 파면을 결의하였다. 구 단체협약 제111조에 따르면, 쟁의기간 중에는 조합원에 대하여 어떠한 사유에 의해서도 징계 등의 인사조치를 할 수 없다. 나아가 A학교법인은 신 협약이 체결된 후인 2007.2.28. 징계재심위원회에서 징계수위를 한 단계 경감한 해임을 결의하였는데, 신 단체협약에 따르면 "학교는 파업사태와 관련하여 추가로 징계하지 않는다"는 합의사항이 포함되어 있다. 이러한 징계처분에 대해 외대지부 간부들은 징계의 효력을 다투는 소를 제기하였다. A학교법인의 징계처분은 정당한가?

[대법원 2009. 2. 12. 선고 2008다70336 판결]

단체협약 실효 후 무협약 하에서의 사용자와 근로자의 법률관계

 단체협약이 실효되었다고 하더라도 임금, 퇴직금이나 노동시간, 그 밖에 개별적인 노동조건에 관한 부분은 그 단체협약의 적용을 받고 있던 근로자의 근로계약의 내용이 되어 그것을 변경하는 새로운 단체협약, 취업규칙이 체결·작성되거나 또는 개별적인 근로자의 동의를 얻지 아니하는 한 개별적인 근로자의 근로계약의 내용으로서 여전히 남아 있어 사용자와 근로자를 규율하게 되고,

 단체협약 중 해고사유 및 해고의 절차에 관한 부분에 대하여도 이와 같은 법리가 그대로 적용되는 것이다.

 위와 같은 법리에 비추어 볼 때, 구 단체협약 제111조는 개별적인 노동조건에 관한 부분이므로 구 단체협약이 대학교 측의 단체협약 해지통보 및 소정 기간의 경과로 실효되었다고 하더라도 2007년도 단체협약(신 단체협약)이 체결되기까지는 여전히 원고들과 피고 사이의 근로계약의 내용으로서 유효하게 존속하였다고 본 원심의 판단은 정당하다. 나아가 신 단체협약에 따라 파업사태와 관련하여 더 이상 징계할 수 없고 이는 징계재심위원회의 재심결의 형식으로 이루어진 경우라 하더라도 마찬가지이므로 이에 반하여 이루어진 원고들에 대한 징계재심위원회의 재심결의는 무효이다.

073. 고용안정협약과 쟁의행위 목적의 정당성

　1998. 5.경 정부는 공기업 구조조정의 일환으로 A공사(한국조폐공사) 창통폐합 등을 주 내용으로 하는 경영혁신안을 마련하였고 이에 A공사는 창통폐합을 1999. 3.까지 완료하기로 구조조정을 의결하였다. 이에 B노동조합(한국조폐공사 노동조합)은 1998. 7. 15.부터 임금 인상을 요구함과 동시에 A사의 구조조정 실시에 반대하는 단체교섭을 요구하였다. A사는 수차 노조에 창통폐합의 불가피성을 설득하며 해고에 관한 협의를 요청하였으나 A사의 협의 요청에도 불구하고 B노조는 파업을 실시하였다. 이에 검사는 B노조 간부 甲을 폭력, 손괴, 공무집행방해로 기소하였다. 한편 A공사와 B노동조합이 체결한 단체협약 제28조는 "정리해고나 사업장조직 통폐합에 따른 직원의 해고시 노조와 사전에 합의한다."라고 규정되어 있으나, 단체협약 제21조에는 "공사의 조직개편 및 정원 변경시 조합과 사전에 성실히 협의한다."라고 규정되어 있다. B노조의 파업은 목적에 있어 정당한가?

[대법원 2002. 2. 26. 선고 99도5380 판결]

1. 구조조정 실시 여부의 단체교섭 대상성과 쟁의행위 목적의 정당성

　정리해고나 사업조직의 통폐합 등 기업의 구조조정의 실시 여부는 경영주체에 의한 고도의 경영상 결단에 속하는 사항으로서 이는 원칙적으로 단체교섭의 대상이 될 수 없고, 그것이 긴박한 경영상의 필요나 합리적인 이유 없이 불순한 의도로 추진되는 등의 특별한 사정이 없는 한, **노동조합이 실질적으로 그 실시 자체를 반대하기 위하여 쟁의행위에 나아간다면, 비록 그 실시로 인하여 근로자들의 지위나 근로조건의 변경이 필연적으로 수반된다 하더라도 그 쟁의행위는 목적의 정당성을 인정할 수 없다.**

2. 쟁의행위 목적이 복수인 경우

　쟁의행위에서 추구되는 목적이 여러 가지이고 그 중 일부가 정당하지 못한 경우에는 주된 목적 내지 진정한 목적의 당부에 의하여 그 쟁의목적의 당부를 판단하여야 할 것이고, 부당한 요구사항을 뺐더라면 쟁의행위를 하지 않았을 것이라고 인정되는 경우에는 그 쟁의행위 전체가 정당성을 갖지 못한다고 보아야 한다. 따라서 한국조폐공사 노동조합이 임금 등 근로조건 개선을 내세워 쟁의행위에 돌입하였으나 그 주된 목적은 정부의 공기업 구조조정 및 그 일환으로 추진되는 조폐창 통폐합을 반대하기 위함에 있다고 보아 쟁의행위의 정당성을 인정할 수 없다고 하였다.

3. 고용안정협약 상 '합의'의 해석

사용자가 경영권의 본질에 속하여 단체교섭의 대상이 될 수 없는 사항에 관하여 노동조합과 '합의' 하여 결정 혹은 시행하기로 하는 단체협약의 일부 조항이 있는 경우, **그 조항 하나만을 주목하여 쉽게 사용자의 경영권의 일부포기나 중대한 제한을 인정하여서는 아니되고, 그와 같은 단체협약을 체결하게 된 경위와 당시의 상황, 단체협약의 다른 조항과의 관계, 권한에는 책임이 따른다는 원칙에 입각하여 노동조합이 경영에 대한 책임까지도 분담하고 있는지 여부 등을 종합적으로 검토하여 그 조항에 기재된 '합의'의 의미를 해석하여야 한다.** 따라서 위 단체협약 제28조는 공사가 정리해고 등 경영상 결단을 하기 위하여는 반드시 노조의 사전동의를 요건으로 한다는 취지가 아니라 사전에 노조에게 해고의 기준 등에 관하여 필요한 의견을 제시할 기회를 주고 공사는 노조의 의견을 성실히 참고하게 함으로써 구조조정의 합리성과 공정성을 담보하고자 하는 **'협의'의 취지로 해석함이 상당하다 할 것이므로,** 공사가 수차 노조에 창통폐합의 불가피성을 설득하며 그에 따른 해고문제를 협의하려고 노력하였음에도 노조는 창통폐합의 백지화만 고집하면서 쟁의행위에 나아간 이 사건에서 위 **단체협약 제28조의 규정에 의하여 이 사건 쟁의행위가 그 목적의 정당성을 부여받을 수도 없다** 할 것이다.

A사는 1999년 이래로 2007년 초까지 적자가 누적되자 자회사를 매각하고 인력구조조정을 실시하기로 하였고, B노조(기업별 노조)에 26회에 걸쳐 협의를 하였지만 노사 간 이견으로 합의에 이르지는 못하였고, 9회에 걸쳐 해고회피 방법 및 대상자 설정에 관한 협의를 요청하는 등 정리해고를 피하기 위한 노력을 하였다. A사는 2007. 3. 경 근로자들을 개별 면담하여 현 인원으로 사업을 계속유지할 수 없음을 밝히며 2007. 4. 말까지 전환배치 내지 특별퇴직을 신청하지 아니한 근로자는 정리해고 절차를 진행할 예정이라는 사실을 밝혔다. 전환배치 및 특별퇴직을 신청하지 않아 경영해고예고통보를 받게 된 B노조 간부 甲은 일부 조합원들과 함께 A사 임원실 앞에서 '명분없는 억지논리 정리해고 철회하라'는 문구가 기재된 피켓을 들고 시위를 하였고, 2007. 6. 24.부터 2007. 7. 5.까지 일방적으로 휴가신청서를 제출하고 근로제공을 거부하는 파업에 돌입하였다. A사는 예정대로 2007. 7. 12. B노조와 사전 합의 없이 간부 乙을 정리해고 하였다.

한편, A사와 B노조다 체결한 단체협약에는 다음과 같은 규정이 있다. 乙에 대한 해고는 정당한가?

제25조(인사권) ① 조합은 다음 각 호의 인사권이 회사에 귀속함을 확인한다. 다만, 다음 각 호의 결과에 대하여 조합에서 이의가 있을 시는 의견을 제출하여 개선을 건의할 수 있다.

1. 종업원의 채용, 임면, 이동, 표창, 징계, 휴직, 복직, 퇴직에 관한 사항

2. 종업원의 교육, 지휘, 통제, 복무규율에 관한 사항

3. 종업원의 능력 및 신체적부 등 인사고과에 관한 사항

② 회사는 합리적이고 보편타당한 인사원칙 및 객관적이고 정당한 인사기준을 수립·시행하여야 하며, 조합의 요청이 있을 시는 **성실히 협의를 하여야 한다.**

제26조(조합간부에 대한 인사) 회사는 조합의 간부에 대한 임면, 이동, 교육 등의 인사에 관하여는 **조합과 사전에 합의하여야 하며** 대의원(분회장) 이동 시에는 사전 조합에 통보한다.

[대법원 2012. 6. 28. 선고 2010다38007 판결]

1. 단체협약 상 조합간부에 대한 '인사합의조항'의 해석

단체협약의 **인사협의(합의)조항에 노동조합간부 인사에 대하여는 사전 '합의'를, 조합원 인사에 대하여는 사전 '협의'를 하도록 용어를 구분하여 사용하고 있다면, 교섭 당시 사용자의 인사권에 관하여 노동조합간부와 조합원을 구분하여 제한 정도를 달리 정한 것으로 보아야**

하고, 그 정도는 노동조합간부에 대하여는 조합원에 대한 사전 협의보다 더 신중하게 노동조합 측 의견을 참작하여야 한다는 정도의 차이만 있는 것으로 볼 수는 없으므로, **조합원에 대한 인사권의 신중한 행사를 위하여 단순히 의견수렴절차를 거치라는 뜻의 사전 '협의'와는 달리, 노동조합 간부 인사에 대하여는 노동조합과 의견을 성실하게 교환하여 노사 간에 '의견의 합치'를 보아 인사권을 행사하여야 한다는 뜻에서 사전 '합의'를 하도록 규정한 것이라고 해석하는 것이 타당하다.**

그리고 정리해고는 근로자에게 귀책사유가 없는데도 사용자의 경영상 필요에 의하여 단행되는 것으로서, 정리해고 대상과 범위, 해고 회피 방안 등에 관하여 노동조합의 합리적인 의사를 적절히 반영할 필요가 있고, 노사 쌍방 간 협상에 의한 최종 합의 결과 단체협약에 정리해고에 관하여 사전 '협의'와 의도적으로 구분되는 용어를 사용하여 노사 간 사전 '합의'를 요하도록 규정하였다면, 이는 노사 간에 사전 '합의'를 하도록 규정한 것이라고 해석하여야 하고, 다른 특별한 사정 없이 단지 정리해고 실시 여부가 경영주체에 의한 고도의 경영상 결단에 속하는 사항이라는 사정을 들어 이를 사전 '협의'를 하도록 규정한 것이라고 해석할 수는 없다.

2. 인사합의조항을 위반한 처분의 효력

(1) 원 칙

사용자가 인사처분을 할 때 노동조합의 사전 동의나 승낙을 얻어야 한다거나 노동조합과 인사처분에 관한 논의를 하여 의견 합치를 보아 인사처분을 하도록 단체협약 등에 규정된 경우 그 절차를 거치지 아니한 인사처분은 원칙적으로 무효로 보아야 하지만,

(2) 예 외

이처럼 사전합의조항을 두고 있다고 하더라도 사용자의 인사권이 어떠한 경우라도 노동조합의 동의나 합의가 있어야만 행사할 수 있는 것은 아니고, **노동조합이 사전합의권을 남용하거나 스스로 사전합의권 행사를 포기하였다고 인정되는 경우에는 사용자가 이러한 합의 없이 한 인사처분도 유효하다고 보아야 한다.**

여기서 노동조합이 사전합의권을 남용한 경우란 노동조합 측에 중대한 배신행위가 있고 이로 인하여 사용자 측의 절차 흠결이 초래되었다거나, 인사처분의 필요성과 합리성이 객관적으로 명백하며 사용자가 노동조합 측과 사전 합의를 위하여 성실하고 진지한 노력을 다하였음에도 노동조합 측이 합리적 근거나 이유제시도 없이 무작정 인사처분에 반대함으로써 사전 합의에 이르지 못하였다는 등 사정이 있는 경우를 의미한다.

단체협약에서 노동조합간부에 대한 임면, 이동, 교육 등 인사에 관하여는 조합과 사전에 '합의'하여야 한다고 규정하고 있음에도 甲 회사가 노동조합과 사전 합의를 하지 않고 노동조합간부인 근로자 乙에게 정리해고 통보를 한 사안에서, 위 단체협약 규정은 노동조합간부에 대한 인사 중 임면, 이동, 교육에 관한 사항을 특정하여 이에 관하여는 특별히 甲 회사의 자의적인 인사권 행사로 노동조합의 정상적인 활동이 저해되는 것을 방지하기 위하여 노동조합과 사전에 합의하여야 한다는 취지를 규정한 것으로 해석되고, 여기서 말하는 **'임면' 중 '면직'은 통상해고, 징계해고, 정리해고 등 甲 회사가 조합간부와 근로계약을 종료시키는 인사처분을 의미한다고 해석하여야 하므로, 회사가 乙을 정리해고하면서 노동조합과 사전 합의를 하지 아니한 것은 적법한 해고절차를 갖추었다고 볼 수 없지만,** 제반 사정에 비추어 위 정리해고는 필요성과 합리성이 객관적으로 명백하고 甲 회사가 노동조합 측과 정리해고에 관한 합의 도출을 위하여 성실하고 진지한 노력을 다하였는데도 노동조합 측이 합리적 근거나 이유제시 없이 정리해고 자체를 반대하고 불법적인 쟁의행위에 나아감으로써 합의에 이르지 못하였으므로, 이는 **노동조합이 사전합의권을 남용하거나 스스로 사전합의권 행사를 포기한 경우에 해당한다는 이유로 회사의 乙에 대한 정리해고를 무효라고 볼 수 없다.**

075. 단체협약의 일반적 구속력

A사에는 상시 근로자 과반수 이상으로 조직된 B노동조합이 있고 A사와 B노조가 체결한 단체협약에 따르면 사용자에 해당하지 않는 한, 기능직·일반직 등 직종의 구분 없이 사업장 내의 모든 근로자가 노동조합의 조합원으로 가입하여 단체협약의 적용을 받을 수 있도록 되어 있고 특히 징계재심과 관련하여 "징계사항에 대하여 이의가 있는 조합원은 5일 이내에 재심을 청구할 수 있고, 회사는 지체 없이 재심에 응하여야 한다."라고 규정되어 있다. 반면 취업규칙에 따르면 "징계사항에 대하여 이의가 있는 사원은 통고를 받은 날로부터 3일 이내에 서면으로 이유를 명시하여 인사담당부서에 이의신청할 수 있고, 이의신청의 사유가 정당하다고 인정할 수 없을 때에는 이를 기각하고, 이의신청을 승인한 때에는 재심을 한다."라고 규정되어 있다. A사는 비조합원인 근로자 甲을 무단결근, 공금유용 등의 징계사유로 징계해고를 결정·지시했고, 징계재심을 위한 甲의 이의신청을 기각했다. 이에 甲은 관할 노동위원회에 부당해고의 구제신청을 하였다. 甲에 대한 해고는 정당한가?

[대법원 1999. 12. 10. 선고 99두6927 판결]

동종 근로자의 의미

노동조합법 제35조의 규정에 따라 단체협약의 적용을 받게 되는 **'동종의 근로자'라 함은 당해 단체협약의 규정에 의하여 그 협약의 적용이 예상되는 자를 가리키는바,** 사업장 단위로 체결되는 단체협약의 적용 범위가 특정되지 않았거나 협약 조항이 모든 직종에 걸쳐서 공통적으로 적용되는 경우에는 **직종의 구분 없이 사업장 내의 모든 근로자가 동종의 근로자에 해당된다.**

단체협약 규정상 사용자에 해당하지 않는 한 기능직·일반직 등 직종의 구분 없이 사업장 내의 모든 근로자가 노동조합의 조합원으로 가입하여 단체협약의 적용을 받을 수 있도록 되어 있다면 일반직 근로자도 기능직 근로자와 함께 노동조합법 제35조에서 말하는 '동종의 근로자'에 해당한다고 할 것이고, **조합원수가 상시 사용되는 근로자 과반수에 해당하였던 이상, 실제로 노동조합에 가입한 여부에 관계없이 일반직 근로자에 대하여도 단체협약이 적용된다.**

076. 단체협약의 지역적 구속력

A사(부산제일교통 주식회사)는 부산에 있는 108개 택시업체와 함께 공동교섭권한을 부산시 택시사업조합에 위임하였고, 사업조합과 전국택시노동조합연맹 부산시지부 사이에 1991. 4. 5. "91 단체협약 및 임금협정(공동타결안)"이 체결되었으나 A사의 기업별 노조인 B노동조합은 택시노련에 교섭권을 위임하지 않았다. B노조는 위 공동타결안과는 별도로 단체협약의 개정 및 임금 등에 관한 단체협약의 체결을 요구하다가 A사가 응하지 않자, 같은 해 4. 24. 관할 행정관청과 부산지노위에 쟁의발생신고를 하였고, 그 후 같은 해 5. 1. 부산시장이 위 공동타결안에 대한 지역적 구속력 결정공고를 하였지만, B노조는 같은 해 5. 10. 임시총회를 개최하여 파업을 결의한 후 6. 4.까지 파업을 하였고 이를 이유로 형법 및 노조법 위반으로 공소제기 되었다. 사안에서 지역적 구속력의 적용범위에 대하여 논하시오.

[대법원 1993. 12. 21. 선고 92도2247 판결]

---

1. 지역적 구속력의 한계

헌법 제33조 제1항은 근로자는 근로조건의 향상을 위하여 자주적인 단결권, 단체교섭권 및 단체행동권을 가진다고 규정하여 근로자의 자주적인 단결권뿐 아니라 단체교섭권과 단체행동권을 보장하고 있으므로,

노동조합법 제38조가 규정하는 지역적 구속력 제도의 목적을 어떠한 것으로 파악하건 적어도 교섭권한을 위임하거나 **협약체결에 관여하지 아니한 협약 외의 노동조합이 독자적으로 단체교섭권을 행사하여 이미 별도의 단체협약을 체결한 경우에는 그 협약이 유효하게 존속하고 있는 한 지역적 구속력 결정의 효력은 그 노동조합이나 그 구성원인 근로자에게는 미치지 않는다**고 해석하여야 할 것이다.

2. 지역적 구속력의 적용을 받지 않는 노조의 교섭가능성

또 협약 외의 노동조합이 위와 같이 **별도로 체결하여 적용받고 있는 단체협약의 갱신체결이나 보다 나은 근로조건을 얻기 위한 단체교섭이나 단체행동을 하는 것 자체를 금지하거나 제한할 수는 없다고 보아야 할 것이다.**

077. 불확정기한부 자동연장조항과 단체협약의 유효기간

A사와 기업별 노동조합인 B노조가 체결한 단체협약은 2006. 3. 31. 그 유효기간이 만료되고 이후 새로운 단체협약이 체결되지 아니하였는데, 단체협약 부칙 제2조에서 "협약의 유효기간이 만료되어도 갱신협약이 체결될 때까지는 본 협약의 효력은 지속한다."고 규정하고 있다. A사와 B노조는 위 단체협약에서 정한 효력기간이 종료되는 2006. 3. 31.까지 새로운 단체협약을 체결하지 못하였고, A사는 2010. 2. 1. 단체협약의 해지를 통보하였다. 사안의 쟁점에 대해 설명하시오.

[대법원 2015. 10. 29. 선고 2012다71138 판결]

1. 단체협약의 유효기간(현행 3년)

노동조합법 제32조 제1항, 제2항이 **단체협약의 유효기간을 2년으로 제한한 것은, 단체협약의 유효기간을 너무 길게 하면 사회적 · 경제적 여건의 변화에 적응하지 못하여 당사자를 부당하게 구속하는 결과에 이를 수 있어** 단체협약을 통하여 적절한 근로조건을 유지하고 노사관계의 안정을 도모하려는 목적에 어긋나게 되므로, 유효기간을 일정한 범위로 제한함으로써 단체협약의 내용을 시의에 맞고 구체적인 타당성이 있게 조정해 나가도록 하자는 데에 뜻이 있다.

따라서 단체협약의 당사자인 노동조합과 사용자가 **2년을 초과하는 단체협약의 유효기간을 정하더라도, 단체협약의 유효기간은** 노동조합법 제32조 제1항, 제2항의 제한을 받아 **2년으로 단축되는 것이 원칙이다.**

2. 불확정기한부 자동연장조항과 해지통고권

그러나 한편 노동조합법 제32조 제3항 단서는 **노동조합법 제32조 제1항 및 제2항에도 불구하고 단체협약 자치의 원칙을 어느 정도 존중하면서 단체협약 공백 상태의 발생을 가급적 피하려는 목적에서,** 사전에 불확정기한부 자동연장조항에 의하여 일정한 기한 제한을 두지 아니하고 유효기간이 경과한 단체협약의 효력을 새로운 단체협약 체결 시까지 연장하기로 약정하는 것을 허용하되, **단체협약의 유효기간을 제한한 입법 취지가 훼손됨을 방지하고 당사자로 하여금 장기간의 구속에서 벗어날 수 있도록 하고 아울러 새로운 단체협약의 체결을 촉진하기 위하여,** 6개월의 기간을 둔 해지권의 행사로 언제든지 불확정기한부 자동연장조항에 따라 효력이 연장된 단체협약을 실효시킬 수 있게 한 것이다.

3. 불확정기한부 자동연장조항이 있는 경우 3년 제한 여부

이러한 노동조합법 각 규정의 내용과 상호관계, 입법 목적 등을 종합하여 보면, 단체협약이 노동조합법 제32조 제1항, 제2항의 제한을 받는 본래의 유효기간이 경과한 후에 불확정기한부 자동연장조항에 따라 계속 효력을 유지하게 된 경우에, **효력이 유지된 단체협약의 유효기간은 노동조합법 제32조 제1항, 제2항에 의하여 일률적으로 3년으로 제한되지는 아니한다.**

[대법원 2016. 3. 10. 선고 2013두3160 판결]

노조법 제32조 제3항 단서에 따른 단체협약의 해지권 행사의 배제 여부

위 각 규정의 내용과 입법 취지 등을 종합하면, **단체협약의 유효기간을 제한한 노동조합법 제32조 제1항, 제2항이나 단체협약의 해지권을 정한 노동조합법 제32조 제3항 단서는 모두 성질상 강행규정**이어서, **당사자 사이의 합의에 의하더라도 단체협약의 해지권을 행사하지 못하도록 하는 등 적용을 배제하는 것은 허용되지 않는다.**

쟁의행위

078. 안전보호시설과 노동조합법 위반여부 판단

한국산업단지공단(이하 'A공단')이 정부방침에 따라 적자 운영중인 열병합발전소의 민영화를 추진하자 이에 반발한 공단의 노동조합(이하 'B노조')은 민영화의 반대와 민영화에 따른 고용보장 등을 요구하며 A공단 측의 추석연휴기간(2001. 9. 30. ~ 10. 3.)의 근무조를 편성하여 보수감독 등의 업무 지시에도 불구하고 추석연휴기간을 이용하여 사업장 밖 유스호스텔에서 집단투숙·농성을 벌이고 추석연휴가 끝난 후에도 업무에 복귀하지 않았다. 파업 당시 안산지방노동사무소는 B노조 위원장 앞으로 안전보호시설에 대한 쟁의행위 금지 등을 내용으로 하는 협조공문을 4회에 걸쳐 발송하였고, A공단 측은 추석연휴기간에 발전소 발전설비인 보일러 4기중 1기의 정상가동 및 10. 4. 전 조합원의 정상출근 등을 고지하였으나, 일부 조합원은 9. 30. 정상가동 중이던 보일러 4호기의 가동을 A공단의 승낙 없이 완전 중단시키고 파업에 돌입한 바 있다. 이와 관련 B노조의 위원장 甲을 비롯한 간부들은 노조법상 안전보호시설 운영방해죄로 공소제기되었다. 노조법 위반인지 판단하시오.

[대법원 2006. 5. 12. 선고 2002도3450 판결]

1. 구조조정 실시 반대와 쟁의행위 정당성

정리해고나 사업조직의 통폐합, 공기업의 민영화 등 기업의 구조조정의 실시 여부는 경영주체에 의한 고도의 경영상 결단에 속하는 사항으로서 이는 원칙적으로 ① 단체교섭의 대상이 될 수 없고, 그것이 긴박한 경영상의 필요나 합리적인 이유 없이 불순한 의도로 추진되는 등의 특별한 사정이 없는 한, 노동조합이 실질적으로 그 실시를 반대하기 위하여 쟁의행위에 나아간다면, 비록 그 실시로 인하여 근로자들의 지위나 근로조건의 변경이 필연적으로 수반된다 하더라도 그 ② 쟁의행위는 목적의 정당성을 인정할 수 없다.

2. 구조조정 실시의 '실질적 반대'의 의미

여기서 노동조합이 '실질적으로' 그 실시를 반대한다고 함은 비록 형식적으로는 민영화 등 구조조정을 수용한다고 하면서도 결과적으로 구조조정의 목적을 달성할 수 없게 하는 요구조건을 내세움으로써 실질적으로 구조조정의 반대와 같이 볼 수 있는 경우도 포함한다.

3. 안전보호시설에의 해당 여부 판단

노동조합법 제42조 제2항에서 정한 **'안전보호시설'이라 함은 사람의 생명이나 신체의 위험을 예방하기 위해서나 위생상 필요한 시설**을 말하고, 이에 **해당하는지 여부는 당해 사업장의 성질, 당해 시설의 기능, 당해 시설의 정상적인 유지 · 운영이 되지 아니할 경우에 일어날 수 있는 위험 등 제반 사정을 구체적 · 종합적으로 고려하여 판단하여야 한다.**

4. 노조법 제42조 제2항 위반죄 판단

노동조합법 제42조 제2항의 입법 목적이 '사람의 생명 · 신체의 안전보호'라는 점과 노동조합법 제42조 제2항이 범죄의 구성요건이라는 점 등을 종합적으로 고려하면, **성질상 안전보호시설에 해당하고 그 안전보호시설의 유지 · 운영을 정지 · 폐지 또는 방해하는 행위가 있었다 하더라도 사전에 필요한 안전조치를 취하는 등으로 인하여 사람의 생명이나 신체에 대한 위험이 전혀 발생하지 않는 경우에는** 노동조합법 제91조 제1호, **제42조 제2항 위반죄가 성립하지 않는다.**

甲은 A사의 근로자이자 지역·업종별 노조인 B노조(협력업체노동조합)의 A사지부 지부장으로서 B 노조의 교섭요구에 대해 A사가 불응하자 지부 조합원 과반수의 찬성으로 쟁의행위를 결의하여 B노 조의 지침에 따라 쟁의행위를 하였다. 그러나 이러한 쟁의행위가 B노조 전체 조합원 과반수의 찬성 이 없이 이루어져 쟁의절차가 위법한 점 등의 이유로 정당한 쟁의행위가 아니라 하여 甲은 업무방해 죄로 공소제기되었다. 사안의 쟁점에 대해 설명하시오.

[대법원 1993. 12. 21. 선고 92도2247 판결]

1. 쟁의행위 찬반투표 규정의 취지

근로자의 쟁의행위가 형법상 정당행위가 되기 위한 절차적 요건으로서, 쟁의행위를 함에 있어 조 합원의 직접·비밀·무기명투표에 의한 찬성결정이라는 절차를 거치도록 한 **노동조합법 제41조 제 1항은 노동조합의 자주적이고 민주적인 운영을 도모함과 아울러 쟁의행위에 참가한 근로자 들이 사후에 그 쟁의행위의 정당성 유무와 관련하여 어떠한 불이익을 당하지 않도록 그 개시 에 관한 조합의사의 결정에 보다 신중을 기하기 위하여 마련된 규정이다.**

2. 조합원의 범위

지역별·산업별·업종별 노동조합의 경우에는 **총파업이 아닌 이상 쟁의행위를 예정하고 있는 당해 지부나 분회소속 조합원의 과반수의 찬성이 있으면 쟁의행위는 절차적으로 적법하다고 보아야 할 것이고, 쟁의행위와 무관한 지부나 분회의 조합원을 포함한 전체 조합원의 과반수 이상의 찬성을 요하는 것은 아니다.**

080. 찬반투표를 거치지 않은 쟁의행위의 정당성

B노동조합은 1998. 5. 6.부터 그 달 12일까지 일요일을 제외한 기간 동안 조합원 약 200명을 작업장에서 이탈케 하여 A사 대전 생산기술원의 구내식당에 모이게 한 다음 각종 집회를 개최하여 생산활동을 전면 중단케 하였다. 그러나 파업 결정 과정에서 B노조는 조합원 총회에서 파업실시에 대한 찬반투표를 실시하지는 않았지만 총회 이후 조합원 대다수가 파업에 동참하였는데 조합원의 찬반투표를 거치지 않은 B노조 파업의 정당성이 문제되었다. B노조의 파업은 정당한가?

[대법원 2001. 10. 25. 선고 99도4837 전원합의체 판결]

1. 쟁의행위 찬반투표 규정의 취지

쟁의행위의 절차에 관하여 쟁의행위를 함에 있어 조합원의 직접·비밀·무기명투표에 의한 찬성결정이라는 절차를 거쳐야 한다는 **노동조합법 제41조 제1항의 규정은 노동조합의 자주적이고 민주적인 운영을 도모함과 아울러 쟁의행위에 참가한 근로자들이 사후에 그 쟁의행위의 정당성 유무와 관련하여 어떠한 불이익을 당하지 않도록 그 개시에 관한 조합의사의 결정에 보다 신중을 기하기 위하여 마련된 규정이다.**

2. 찬반투표 절차를 거치지 않은 쟁의행위의 정당성

위의 절차를 위반한 쟁의행위는 **그 절차를 따를 수 없는 객관적인 사정이 인정되지 아니하는 한 정당성이 상실된다.** 이와 달리 쟁의행위의 개시에 앞서 노동조합법 제41조 제1항에 의한 **투표 절차를 거치지 아니한 경우에도 조합원의 민주적 의사결정이 실질적으로 확보된 때에는 단지 노동조합 내부의 의사형성 과정에 결함이 있는 정도에 불과하다고 하여 쟁의행위의 정당성이 상실되지 않는 것으로 해석한다면** 위임에 의한 대리투표, 공개결의나 사후결의, 사실상의 찬성간주 등의 방법이 용인되는 결과, 그와 같은 견해는 **위의 관계 규정과 대법원의 판례취지에 반하는 것이 된다.**

원심이 정부의 이 사건 민영화 방침이 확고하게 추진되자 공단측에서 수용하기 힘든 요구사항을 주장하며 실질적으로는 민영화 추진 반대를 목적으로 이 사건 파업에 임하였음을 인정한 것은 정당하나, 노조법 제42조 제2항 위반과 관련하여 이 사건 각 시설이 어떤 근거에서 사람의 생명이나 신체에 대한 위험을 예방하기 위한 시설이고 구체적으로 어떠한 위험성이 있는 시설인지, 위 각 시설의 가동을 중단함에 있어 사전에 필요한 안전조치를 취하였는지, 위 각 시설의 가동중단에 의하여 사람의 생명이나 신체에 대한 어떠한 위험이 발생하였는지 등에 대하여 더 자세히 심리한 다음 이 부분

공소사실에 대하여 노조법 제91조 제1호, 제42조 제2항 위반죄의 성립을 인정할 수 있는지를 가려보았어야 할 것임에도, 원심은 이 사건 각 시설이 어떠한 이유로 안전보호시설에 해당되는지에 관하여 언급함이 없이 피고인들의 주장을 배척하고 이 부분 범죄사실을 유죄로 인정하였으므로 '안전보호시설'의 개념에 관한 법리오해 등의 위법이 있다.

081. 쟁의행위 목적이 여러 가지인 경우 목적의 정당성

전국과학기술노동조합 산하 한국과학기술원 지부(이하 'A지부')는 2000. 3.경부터 같은 해 9.경까지 사용자측과 단체협약 유효기간 만료에 따른 단체협약 체결과 임금협상을 위한 단체교섭을 벌였음에도 완전한 타결에 이르지 못하고 있다가, 정부가 2000. 10. 들어 1999. 12.경부터 추진하기 시작한 정부보조기관 등 경영혁신 추진계획 중 한국과학기술원(이하 'B기술원')의 전기·기계 등 각종 시설관리 부문의 민영화·민간위탁 계획을 2000. 말까지 서둘러 마무리하기로 결정하고 B기술원도 정부출연연구기관으로서 예산절감을 통한 경영합리화를 도모하려는 정부의 방침에 따르기로 하여 A지부 측에 그 구체적인 절차에 관하여 협의를 요청하였다. 이에 A지부는 시설부문 민영화계획에 반대 및 임금인상 등을 주장하며 전면파업에 돌입하였다. 노조측 발행의 각종 유인물(노조속보·보도자료·성명서 등)을 보면 B기술원 시설부문 민영화계획을 정부출연연구기관의 구조조정과 정리해고의 시발점으로 파악하고 있으며, A지부 간부들은 B기술원의 시설부문 민영화계획의 추진을 저지하여 노조원들의 고용안정을 도모하기 위하여 이 사건 각 쟁의행위를 일으켰다는 취지로 발언을 한 바 있다. 이 사건 쟁의행위의 목적의 정당성이 인정되는가?

[대법원 2003. 12. 26. 선고 2001도3380 판결]

1. 구조조정 실시 반대와 쟁의행위의 정당성

정리해고나 사업조직의 통폐합, 공기업의 민영화 등 기업의 구조조정의 실시 여부는 경영주체에 의한 고도의 경영상 결단에 속하는 사항으로서 이는 원칙적으로 ① 단체교섭의 대상이 될 수 없고, 그것이 긴박한 경영상의 필요나 합리적인 이유 없이 불순한 의도로 추진되는 등의 특별한 사정이 없는 한, 노동조합이 실질적으로 그 실시를 반대하기 위하여 쟁의행위에 나아간다면, 비록 그 실시로 인하여 근로자들의 지위나 근로조건의 변경이 필연적으로 수반된다 하더라도 그 ② 쟁의행위는 목적의 정당성을 인정할 수 없다.

2. 쟁의행위 목적이 복수인 경우

쟁의행위에서 추구되는 목적이 여러 가지이고 그 중 일부가 정당하지 못한 경우에는 주된 목적 내지 진정한 목적의 당부에 의하여 그 쟁의목적의 당부를 판단하여야 할 것이고, 부당한 요구사항을 뺐더라면 쟁의행위를 하지 않았을 것이라고 인정되는 경우에는 그 쟁의행위 전체가 정당성을 갖지 못한다고 보아야 한다.

과학기술원의 시설부문 민영화계획을 2000. 말까지 마무리하기로 하는 결정이 있은 뒤에는 비록 임금의 개선이라는 목적이 전혀 없었다고 단정할 수는 없다고 하더라도 **이 사건 각 쟁의행위의 주된 목적은 과학기술원의 시설부문 민영화계획 저지에 있었다고 봄이 상당하고,** 과학기술원의 시설부문 민영화계획이 경영상의 필요나 합리적인 이유 없이 결정되었다는 등의 특별한 사정이 없는 한 위 법리에 따라 피고인들의 이 사건 각 **쟁의행위의 주된 목적은 그 정당성을 인정받을 수 없다.**

082. 평화의무에 반하는 쟁의행위의 정당성

기업별 노동조합인 B노조의 위원장 甲은 이미 단체협약에 규정된 인센티브(경영성과에 따른 특별상여금)의 인상 요구를 관철하기 위한 준법투쟁을 결의하여 조합원들로 하여금 약 2주 동안 기존에 수행해오던 1일 2시간의 연장근로를 하지 않게 하는 등 취업규칙 위반의 불법행위를 하였다는 이유로 A사로부터 징계해고 되어 그 효력을 다투는 소를 제기하였다.

한편 A사와 B노조가 체결한 단체협약에는 "본 협약에 규정된 사항에 대해서는 본 협약 유효기간 중 평화의무를 진다."라고 규정되어 있다. B노조의 쟁의행위는 정당한가?

[대법원 1994. 9. 30. 선고 94다4042 판결]

1. 평화의무의 의의와 평화의무를 위반한 쟁의행위의 정당성

단체협약에서 이미 정한 근로조건이나 기타 사항의 변경·개폐를 요구하는 쟁의행위를 단체협약의 유효기간 중에 하여서는 아니된다는 이른바 **평화의무를 위반하여 이루어진 쟁의행위는 노사관계를 평화적·자주적으로 규율하기 위한 단체협약의 본질적 기능을 해치는 것일 뿐 아니라 노사관계에서 요구되는 신의성실의 원칙에도 반하는 것이므로 정당성이 없다.**

2. 평화의무의 법적 근거

평화의무가 노사관계의 안정과 단체협약의 질서형성적 기능을 담보하는 것인 점에 비추어 보면, 단체협약이 새로 체결된 직후부터 뚜렷한 무효사유를 내세우지도 아니한 채 단체협약의 전면 무효화를 주장하면서 평화의무에 위반되는 쟁의행위를 행하는 것은 이미 노동조합활동으로서의 정당성을 결여한 것이라고 하지 아니할 수 없다(대법원 1992. 9. 1. 선고 92누7733 판결[2]).

---

2) 평화의무의 근거로서 판례는 "노사관계의 안정과 단체협약의 질서형성적 기능을 담보하는 것"을 들고 있고, 이를 유추적용 하면 협약 당사자 사이의 명시적인 약정이 없어도 평화의무가 발생한다고 볼 수 있다.

A사는 노사합의에 따라 일요일 격휴제를 관행적으로 시행해 오고 있었는데, 회사 노조의 위원장으로 당선된 甲은 회사의 레미콘차량 개인불하도급제를 저지하기 위해 조합운영위원회에서 정휴제의 실시를 결의하고서 A사 공장을 돌아다니며 다수 조합원들이 휴일근로를 거부하도록 선동하였고, 조합원들은 2회의 일요일동안 출근하지 아니하였다. A사는 생산차질을 초래하게 했다는 등의 이유로 甲을 징계해고 하였고, 이에 甲은 정상적인 노조활동을 이유로 한 해고라고 주장하며 관할 노동위원회에 부당노동행위 구제신청을 하였다. 조합원들의 휴일근로거부가 쟁의행위에 해당하는가?

[대법원 1994. 2. 22. 선고 92누11176 판결]

준법투쟁의 쟁의행위 해당 여부

회사소속 근로자들이 레미콘차량 개인불하도급제 철폐 등 **주장을 관철시킬 목적으로 판시의 경위로 종래 통상적으로 실시해 오던 휴일근무를 집단적으로 거부하였다면, 이는 회사업무의 정상적인 운영을 저해하는 것으로서 노동조합법 제2조 제6호 소정의 쟁의행위에 해당한다** 할 것이다.

쟁의행위가 노동쟁의조정법 제12조 제1항 소정의 참가인노동조합원의 직접, 비밀, 무기명투표에 의한 과반수의 찬성으로 행하여진 것이 아니라, 레미콘차량 개인불하도급제철폐를 선거공약으로 내세워 노동조합위원장으로 당선된 원고의 판시와 같은 유인물 배포, 공고문 게시, 선동, 권유 내지 근무방해활동과 조합운영위원회의 결의만으로, 위 법 제14조, 제16조 제1항의 노동쟁의 신고나 냉각기간의 경과 등의 절차도 거치지 아니한 채 행하여 진 것이고, 원고가 사용한 쟁의수단이 단체협약에 위반되며, 이와 같은 집단적 휴일근무 거부행위로 인하여 회사의 사업 운영에 혼란과 상당한 생산차질이 초래되었을 뿐만 아니라 나중에는 위 쟁의가 소수 집행부의 독단적 결정에 의하여 이루어진 점과 수입 감소에 불만을 품은 조합원들의 항의에 부딪쳐 원고 스스로 정휴제 실시 주장을 철회하기에 이르기까지 하였다면 **위의 쟁의행위를 하게 된 목적과 경위, 시기와 절차, 태양, 그로 인하여 회사가 입게된 손해의 정도, 조합원들에게 미친 영향등 제반 사정을 종합하여 볼 때 이와 관련된 원고의 판시와 같은 행위는 노동조합의 업무를 위한 정당한 행위라 볼 수 없고 회사 징계규정 상의 해고사유에 해당하므로 참가인 회사가 이를 이유로 징계해고한 것은 정당하며, 달리 이 사건 징계해고가 원고의 조합활동을 혐오한 나머지 이에 보복하기 위하여 위와 같은 사유를 내세워 행하여진 것이라고 볼 아무런 자료도 없으므로 이 사건 징계해고를 부당노동행위라고 할 수는 없다.**

084. 직장폐쇄의 정당성 판단

택시회사 A와 소속 근로자들도 구성된 B노조 사이의 1995년 임금교섭이 결렬되자 B노조는 법에 따른 정당한 쟁의행위(준법운행)에 돌입하였고, 이로써 사납금액이 감소되자 A사는 위 쟁의행위 3일 만에 비조합원이 운행하는 차량 5대를 제외한 회사 소속 차량 46대의 운행을 중지하여 노조원 전원에 대한 직장폐쇄를 단행하였다. 이에 직장폐쇄기간 동안 임금을 받지 못한 조합원들은 미지급 임금의 지급을 구하는 소를 제기하였다. A사의 직장폐쇄는 정당한가?

[대법원 2000. 5. 26. 선고 98다34331 판결]

1. 발생 근거

우리 헌법과 노동관계법은 근로자의 쟁의권에 관하여는 이를 적극적으로 보장하는 명문의 규정을 두고 있는 반면 사용자의 쟁의권에 관하여는 이에 관한 명문의 규정을 두고 있지 않은바, 이것은 일반 시민법에 의하여 압력행사 수단을 크게 제약받고 있어 **사용자에 대한 관계에서 현저히 불리할 수밖에 없는 입장에 있는 근로자를 그러한 제약으로부터 해방시켜 노사대등을 촉진하고 확보하기 위함이므로, 일반적으로는 힘에서 우위에 있는 사용자에게 쟁의권을 인정할 필요는 없다 할 것이나, 개개의 구체적인 노동쟁의의 장에서 근로자측의 쟁의행위로 노사간에 힘의 균형이 깨지고 오히려 사용자측이 현저히 불리한 압력을 받는 경우에는 사용자측에게 그 압력을 저지하고 힘의 균형을 회복하기 위한 대항·방위 수단으로 쟁의권을 인정하는 것이 형평의 원칙에 맞는다 할 것이고,** 우리 법도 바로 이 같은 경우를 상정하여 구 노동쟁의조정법 제3조(**현행 노조법 제46조**)에서 사용자의 직장폐쇄를 노동조합의 동맹파업이나 태업 등과 나란히 쟁의행위의 한 유형으로서 규정하고 있는 것으로 보인다.

2. 직장폐쇄의 정당성

다만 구체적인 노동쟁의의 장에서 단행된 사용자의 **직장폐쇄가 정당한 쟁의행위로 평가받기 위하여는 노사간의 교섭태도, 경과, 근로자측 쟁의행위의 태양, 그로 인하여 사용자측이 받는 타격의 정도 등에 관한 구체적 사정에 비추어 형평의 견지에서 근로자측의 쟁의행위에 대한 대항·방위 수단으로서 상당성이 인정되는 경우에 한한다 할 것이다.** 따라서 노동조합이 준법투쟁에 돌입한 지 3일 만에 전격적으로 단행한 사용자의 직장폐쇄는 정당성을 결여한 것으로 보인다.

3. 정당한 직장폐쇄의 효과

그 직장폐쇄가 정당한 쟁의행위로 평가받을 때 비로소 **사용자는 직장폐쇄 기간 동안의 대상 근로자에 대한 임금지불의무를 면한다.**

A노동조합은 2017. 6. 25.부터 노조전임자 문제 및 회사의 경영권에 관한 사항을 목적으로 파업을 진행했다. 이에 대해 A회사는 이러한 파업이 불법이라는 이유로 2017. 8. 23.부터 2017. 10. 29.까지 직장폐쇄를 하였다. A회사는 직장폐쇄를 결정하기 전에 관할 지방고용노동청에 위 파업이 불법파업인지 질의했고, 지방고용노동청은 '노조전임자, 계열사 부지매입 등이 파업의 주된 목적이라면 불법파업'이라는 취지의 회신을 하였다. A노동조합은 A회사의 직장폐쇄를 중지시키고자 2017. 8. 24.부터 업무복귀 등의 내용을 담은 서면을 수차례 보냈고, 2017. 9. 6. 조합원 241명의 근로제공 확약서를 보냈으며, 2017. 9. 9.에는 전 조합원이 업무에 복귀하겠다는 공문을 보냈다. 이와 동시에 A노동조합은 2017. 9. 15. 관할 지방노동위원회에 쟁의행위신고 철회서를 제출했고, 이에 지방고용노동청은 A노동조합과의 면담을 거쳐 A회사에게 '조합원 241명의 근로복귀의사에 진정성이 없다고 단정하기 곤란하다'는 판단과 함께 2017. 9. 28. '직장폐쇄의 지속여부에 대한 재검토 및 성실교섭을 촉구'하는 서면을 발송하였다. 그러나 A회사는 2017. 10. 29.까지 직장폐쇄를 계속하였다.

위 직장폐쇄 기간 동안 임금을 지급받지 못한 조합원 갑 등은 업무복귀의사를 표시했음에도 A회사가 직장폐쇄를 지속한 것은 위법하다고 주장하며 직장폐쇄 전체 기간 동안의 임금을 청구하였다. 이러한 청구는 정당한가?

[대법원 2016. 5. 24. 선고 2012다85335 판결]

1. 직장폐쇄의 정당성

노동조합법 제46조에서 규정하는 사용자의 **직장폐쇄는 사용자와 근로자의 교섭태도와 교섭과정, 근로자의 쟁의행위의 목적과 방법 및 그로 인하여 사용자가 받는 타격의 정도 등 구체적인 사정에 비추어 근로자의 쟁의행위에 대한 방어수단으로서 상당성이 있어야만 사용자의 정당한 쟁의행위로 인정될 수 있다.**

노동조합의 쟁의행위에 대한 **방어적인 목적을 벗어나 적극적으로 노동조합의 조직력을 약화시키기 위한 목적 등을 갖는 선제적, 공격적 직장폐쇄에 해당하는 경우에는 정당성이 인정될 수 없고,**

2. 정당성을 상실한 직장폐쇄의 효과

직장폐쇄가 **정당한 쟁의행위로 평가받지 못하는 경우에는 사용자는 직장폐쇄 기간 동안의 대상 근로자에 대한 임금지불의무를 면할 수 없다.** 그러나 직장폐쇄가 정당하다면 사용자는 그 기간 동안의 임금지불의무를 면할 수 있다.

3. 노조의 업무복귀의사 표시 후 직장폐쇄의 정당성

한편 근로자의 쟁의행위 등 구체적인 사정에 비추어 **직장폐쇄의 개시 자체는 정당하지만, 어느 시점 이후에 근로자가 쟁의행위를 중단하고 진정으로 업무에 복귀할 의사를 표시하였음에도 사용자가 직장폐쇄를 계속 유지하면서 근로자의 쟁의행위에 대한 방어적인 목적에서 벗어나 적극적으로 노동조합의 조직력을 약화시키기 위한 목적 등을 갖는 공격적 직장폐쇄의 성격으로 변질된 경우에는 그 이후의 직장폐쇄는 정당성을 상실하고, 이에 따라 사용자는 그 기간 동안의 임금지불의무를 면할 수 없다.**

4. 업무복귀의사 표시의 정도[3]

노동조합이 쟁의행위를 하기 위해서는 투표를 거쳐 조합원 과반수의 찬성을 얻어야 하고(노동조합법 제41조 제1항) 사용자의 직장폐쇄는 노동조합의 쟁의행위에 대한 방어수단으로 인정되는 것이므로, 근로자가 업무에 복귀하겠다는 의사 역시 일부 근로자들이 개별적·부분적으로 밝히는 것만으로는 부족하다. **복귀 의사는 반드시 조합원들의 찬반투표를 거쳐 결정되어야 하는 것은 아니지만 사용자가 경영의 예측가능성과 안정을 이룰 수 있는 정도로 집단적·객관적으로 표시되어야 한다.**

---

3) 대법원 2017. 4. 7. 선고 2013다101425 판결.

A협회의 근로자이자 산별노조B의 지부장인 甲과 산별노조B의 지부장인 乙은 고용조정 등에 관한 A협회와의 교섭이 결렬되자 찬반투표 등을 거쳐 부분파업에 이어 전면파업에 돌입했고, 이에 A협회는 직장폐쇄로 대응했으며, 이후 재개된 교섭이 또 결렬되자 甲과 乙은 조합원들과 함께 교섭장소인 A협회 회의실을 약 20여일 점거하였다. A협회 회의실은 전체 약 40평의 사무실 내부에 칸막이로 구분되어 있는 약 15평의 공간이며, A협회의 비상근 협회장이 자신의 업무를 처리하고, 협회장과 임원들이 임원회의를 하는 공간으로 활용되던 장소였다. 노조가 전면파업을 개시한 후 4시간 정도 경과한 시점에서 A협회는 직장폐쇄 조치를 취하였고 A협회는 4회에 걸쳐 팩스를 통해 퇴거 취지의 공문을 발송하였다. 그러나 노조는 A협회의 퇴거요구에 불응하였고, 이로 인해 업무방해죄 등으로 공소제기 되었다. 사안의 쟁점에 대해 설명하시오.

[대법원 2007. 12. 28. 선고 2007도5204 판결]

---

1. 직장점거의 정당성

직장 또는 사업장시설의 점거는 적극적인 쟁의행위의 한 형태로서 **그 점거의 범위가 직장 또는 사업장시설의 일부분이고 사용자측의 출입이나 관리지배를 배제하지 않는 병존적인 점거에 지나지 않을 때에는 정당한 쟁의행위로 볼 수 있으나,**

이와 달리 **직장 또는 사업장시설을 전면적, 배타적으로 점거하여 조합원 이외의 자의 출입을 저지하거나 사용자측의 관리지배를 배제하여 업무의 중단 또는 혼란을 야기케 하는 것과 같은 행위는 이미 정당성의 한계를 벗어난 것이라고 볼 수밖에 없다.**

위 사안에서, **점거한 곳의 범위와 평소의 사용형태, 사용자측에서 이를 사용하지 못하게 됨으로써 입은 피해의 내용과 정도 등에 비추어** 이는 폭력의 행사에 해당하지 않는 사업장시설의 부분적·병존적인 점거로서 사용자의 재산권과 조화를 이루고 있고, 사용자의 업무가 실제로 방해되었거나 업무방해의 결과를 초래할 위험성이 발생하였다고 보기 어려우므로, 위 점거행위는 노동관계 법령에 따른 정당한 행위로서 위법성이 조각되어 업무방해죄의 책임을 물을 수 없다.

2. 직장폐쇄의 정당성

사용자의 **직장폐쇄는 노사간의 교섭태도, 경과, 근로자측 쟁의행위의 태양, 그로 인하여 사용자측이 받는 타격의 정도 등에 관한 구체적 사정에 비추어 형평상 근로자측의 쟁의행위에**

대한 대항·방위 수단으로서 상당성이 인정되는 경우에 한하여 정당한 쟁의행위로 평가받을 수 있는 것이고,

3. 부당한 직장패쇄와 퇴거불응죄

사용자의 직장폐쇄가 정당한 쟁의행위로 인정되지 아니하는 때에는 **적법한 쟁의행위로서 사업장을 점거 중인 근로자들이 직장폐쇄를 단행한 사용자로부터 퇴거 요구를 받고 이에 불응한 채 직장점거를 계속하더라도 퇴거불응죄가 성립하지 아니한다.**

위 사안에서 사용자측의 노사간 교섭에 소극적인 태도, 노동조합의 파업이 노사간 교섭력의 균형과 사용자측 업무수행에 미치는 영향 등에 비추어 노동조합이 파업을 시작한 지 **불과 4시간 만에 사용자가 바로 직장폐쇄 조치를 취한 것은 정당한 쟁의행위로 인정되지 아니하므로, 사용자측 시설을 정당하게 점거한 조합원들이 사용자로부터 퇴거요구를 받고 이에 불응하였더라도 퇴거불응죄가 성립하지 아니한다.**

철도사업을 영위하는 A사와 소속 근로자로 구성된 B노조 간의 단체교섭이 결렬되자 중앙노동위원회 위원장은 직권중재회부를 결정하였다. 그러나 B노조 위원장 甲은 노동조합법 제63조(중재시의 쟁의행위의 금지)에도 불구하고 파업을 지시하였고, 이에 조합원들은 전국의 641개 사업장에 출근하지 않아 열차의 운행이 중단되었다. 이로 인하여 A사는 영업수익 손실과 대체인력 보상금의 지출을 위한 상당한 정도의 재산적 손해(총 135억원 상당)를 입었다. 이에 甲 등 B노조 간부는 A사의 여객·화물 수송업무 등을 방해하였다는 이유로 업무방해죄로 기소되었다. 사안의 쟁점에 대해 설명하시오.

[대법원 2011. 3. 17. 선고 2007도482 전원합의체 판결]

1. 업무방해죄상 '위력'의 의미

업무방해죄는 위계 또는 위력으로써 사람의 업무를 방해한 경우에 성립하며(형법 제314조 제1항), 여기서 '위력'이란 사람의 자유의사를 제압·혼란케 할 만한 일체의 세력을 말한다.

근로자가 그 주장을 관철할 목적으로 근로의 제공을 거부하여 업무의 정상적인 운영을 저해하는 **쟁의행위로서의 파업**(노동조합법 제2조 제6호)도, 단순히 근로계약에 따른 노무의 제공을 거부하는 부작위에 그치지 아니하고 이를 넘어서 사용자에게 압력을 가하여 근로자의 주장을 관철하고자 집단적으로 노무제공을 중단하는 실력행사이므로, **업무방해죄에서 말하는 위력에 해당하는 요소를 포함하고 있다.**

3. 판단기준

그런데 근로자는, 헌법 제37조 제2항에 의하여 국가안전보장·질서유지 또는 공공복리 등의 공익상의 이유로 제한될 수 있고 그 권리의 행사가 정당한 것이어야 한다는 내재적 한계가 있어 절대적인 권리는 아니지만, **원칙적으로는 헌법상 보장된 기본권으로서 근로조건 향상을 위한 자주적인 단결권·단체교섭권 및 단체행동권을 가진다**(헌법 제33조 제1항).

그러므로 **쟁의행위로서의 파업이 언제나 업무방해죄에 해당하는 것으로 볼 것은 아니고, 전후 사정과 경위 등에 비추어 사용자가 예측할 수 없는 시기에 전격적으로 이루어져 사용자의 사업운영에 심대한 혼란 내지 막대한 손해를 초래하는 등으로 사용자의 사업계속에 관한 자**

유의사가 제압·혼란될 수 있다고 평가할 수 있는 경우에 비로소 그 집단적 노무제공의 거부가 위력에 해당하여 업무방해죄가 성립한다고 봄이 상당하다.

이와 달리, 근로자들이 집단적으로 근로의 제공을 거부하여 사용자의 정상적인 업무운영을 저해하고 손해를 발생하게 한 행위가 당연히 위력에 해당함을 전제로 하여 노동관계 법령에 따른 정당한 쟁의행위로서 위법성이 조각되는 경우가 아닌 한 업무방해죄를 구성한다는 취지로 판시한 대법원 1991. 4. 23. 선고 90도2771 판결; 대법원 1991. 11. 8. 선고 91도326 판결; 대법원 2004. 5. 27. 선고 2004도689 판결; 대법원 2006. 5. 12. 선고 2002도3450 판결; 대법원 2006. 5. 25. 선고 2002도5577 판결 등은 이 판결의 견해에 배치되는 범위 내에서 이를 변경한다.

A병원과 B노조 간의 단체교섭이 결렬되어 지방노동위원회가 구 노동쟁의조정법에 따라 직권으로 중재재정을 하였으나 B노조 조합원 찬반투표 결과 그 수용이 거부되었고 B노조는 중재재정 재심신청을 하지 않았다. 이에 甲을 비롯한 노조간부들은 비상대책위원회를 소집하여 파업을 결의하고 자신들의 주도로 약 1개월간 파업을 하였다. 이로 인해 진료수입이 전년도 같은 기간, 같은 해 전원의 같은 기간에 비해 470,822,646원, 549,013,982원 감소하였고 진료수입을 얻기 위한 비용으로 진료수입의 41%가량인 재료비와 진료수입의 5% 가량인 일반관리비의 지출로 인한 손해가 있었다. A병원은 甲을 비롯한 B노조간부들과 B노조를 상대로 진료수입의 손실에 대한 손해배상청구의 소를 제기하였다. 사안의 쟁점에 대해 설명하시오.

[대법원 1994. 3. 25. 선고 93다32828,32835 판결]

---

1. 정당한 쟁의행위와 민사면책

노조법 제3조(구 노동쟁의조정법 제8조)에 의하여 민사상 배상책임이 면제되는 손해는 정당한 쟁의행위로 인한 손해에 국한된다고 풀이하여야 할 것이고, **정당성이 없는 쟁의행위는 불법행위를 구성하고 이로 말미암아 손해를 입은 사용자는 노동조합이나 근로자에 대하여 그 손해배상을 청구할 수 있다.**

2. 노조의 손해배상책임

노동조합의 **간부들이 불법쟁의행위를 기획, 지시, 지도하는 등으로 주도한 경우에 이와 같은 간부들의 행위는 조합의 집행기관으로서의 행위라 할 것이므로** 이러한 경우 **민법 제35조 제1항의 유추적용에 의하여 노동조합은 그 불법쟁의행위로 인하여 사용자가 입은 손해를 배상할 책임이 있고,**

3. 조합간부 개인의 손해배상책임

한편 조합간부들의 행위는 일면에 있어서는 노동조합 단체로서의 행위라고 할 수 있는 외에 개인의 행위라는 측면도 아울러 지니고 있고, 일반적으로 쟁의행위가 개개 근로자의 노무정지를 조직하고 집단화하여 이루어지는 집단적 투쟁행위라는 그 본질적 특징을 고려하여 볼 때 **노동조합의 책임 외에 불법쟁의행위를 기획, 지시, 지도하는 등으로 주도한 조합의 간부들 개인에 대하여도 책임을 지우는 것이 상당하다.**

4. 손해배상의 범위

불법쟁의행위로 인하여 노동조합이나 근로자가 그 배상책임을 지는 **배상액의 범위는 불법쟁의행위와 상당인과관계에 있는 모든 손해이다.**

5. 참고 : 의료업에서 진료수입 감소로 입은 손해와 일실이익의 산정방법

노동조합이나 근로자의 불법쟁의행위로 인하여 의료업무를 수행하는 사용자가 그 영업상의 손실에 해당하는 **진료수입의 감소로 입은 손해는 일실이익으로서 불법쟁의행위와 상당인과관계가 있는 손해이고**, 그 **일실이익의 산정방법은** 구체적 사정에 따라 다를 것이나 일응 **불법쟁의행위가 없었던 전년도의 같은 기간에 대응하는 진료수입과 대비한 감소분이나 불법쟁의행위가 없었던 전월의 같은 기간에 대응하는 진료수입과 대비한 감소분을 산출한 다음 그 수입을 얻기 위하여 소요되는 제 비용을 공제하는 방법으로도 산정할 수 있다.**

089. 쟁의행위 기간 동안 근로자의 임금청구권과 태업에의 적용 여부

제약업을 영위하는 A사의 근로자들이 작업을 수행하는 방법은 일정한 속도로 움직이는 컨베이어 시스템에 의하여 각자의 자리에서 지정된 작업을 하거나, 일단 원료가 배합되는 등의 작업이 시작되면 자신이 맡은 공정에서 바로 다음 공정으로 약을 보내는 후처리 작업을 하여 공정을 완료하는 방법으로 근로를 제공해왔다. A사의 근로자들로 구성된 B노조 조합원들은 2007. 7. 20.부터 같은 해 9. 20.까지 기간 중 39일 동안 '고품질 운동'이라는 명목으로 조합원들의 일부 또는 거의 전부(7~63명)가 태업(하루 1.8~8시간)을 하였고, 같은 기간 중 6일 동안 하루 2시간 이상 파업을 하였고 위 기간 중 피고회사의 생산액은 2007. 7월에는 전년대비 26.78%, 같은 해 8월에는 전년대비 10.37%, 9월에는 전년대비 13.59%를 각 기록하였다. A사는 각 조합원별로 측정된 태업시간 전부를 비율적으로 계산하여 임금에서 공제하였고 쟁의행위 기간에 해당하는 유급휴일임금도 감액하여 지급하였다. 이에 임금이 공제된 근로자들은 공제된 임금의 지급을 구하는 소를 제기하였다. 사안의 쟁점에 대해 설명하시오.

[대법원 2013. 11. 28. 선고 2011다39946 판결]

1. 무노동무임금 원칙의 적용

쟁의행위 시의 임금 지급에 관하여 단체협약이나 취업규칙 등에서 이를 규정하거나 그 지급에 관한 당사자 사이의 약정이나 관행이 있다고 인정되지 아니하는 한, **근로자의 근로제공의무 등의 주된 권리·의무가 정지되어 근로자가 근로를 제공하지 아니한 쟁의행위 기간 동안에는 근로제공의무와 대가관계에 있는 근로자의 주된 권리로서의 임금청구권은 발생하지 아니한다.**

근로를 불완전하게 제공하는 형태의 쟁의행위인 **태업(怠業)도 근로제공이 일부 정지되는 것이라고 할 수 있으므로, 여기에도 이러한 무노동 무임금 원칙이 적용된다고 봄이 타당하다.**

2. 임금삭감 기준

근로를 불완전하게 제공하는 형태의 쟁의행위의 일종인 **태업의 경우 임금의 감액수준은** 단체협약 및 취업규칙에 정한 바가 없다면 **각 근로자별로 근로제공의 불완전성의 정도를 판단하여 산정함이 타당하다.**

이 사건의 경우 다음과 같은 사정, 즉 ① 원고들의 근로제공 형태는 **협동작업**이고, 그러한 업무수행의 방법상 개별 근로자의 태업은 자신을 제외한 다른 근로자의 생산성에 바로 영향을 미치는 구조이어서 **근로자별로 근로제공의 불완전성 정도를 산정할 수는 없고 전체적인 생산성의 저하를**

기준으로 근로제공의 불완전성 정도를 따질 수밖에 없는 점, ② 원고들의 쟁의행위 기간 동안 생산성이 급격히 저하된 데에는 태업 이외의 다른 요인이 있었다고 볼 만한 사정이 없고 **생산성 저하의 가장 중요한 요인은 태업**이었던 것으로 보이는 점, ③ 원고들 중 태업시간이 가장 긴 사람을 기준으로 보더라도 태업기간 동안 **월별 태업시간은 총 노동시간의 20% 내지 66%인 데 비하여 그 기간 동안 생산성 하락 비율은 약 75% 내지 90%에 이르는 점**과 원고들이 행하는 공동작업의 특성 등에 비추어 볼 때, **태업시간 동안 제공한 근로의 불완전성의 정도는 그 태업시간 전부에 해당하는 100%로 봄이 타당한 점**, ④ 태업으로 인한 생산 감소량을 기준으로 하여 개별 근로자의 태업시간 비율로 계산된 금액을 임금에서 공제하는 것보다 임금을 기준으로 하여 개별 근로자의 **태업시간 비율로 계산된 금액을 임금에서 공제하는 것이 이 사건 근로자들에게 유리한 점** 등을 종합하면, 회사가 각 근로자별로 측정된 태업시간 전부를 비율적으로 계산하여 임금에서 공제한 것이 불합리하다고 할 수 없다고 판단하였다.

3. 태업과 휴일임금

근로기준법상 휴일제도는 연속된 근로에서의 근로자의 피로회복과 건강회복 및 여가의 활용을 통한 인간으로서의 사회적·문화적 생활의 향유를 위하여 마련된 것이다. 나아가 '유급휴일'이란 휴일제도의 취지를 살려 근로자가 이를 충분히 활용할 수 있도록 하여 주기 위하여 임금의 지급이 보장되어 있는 휴일, 즉 휴식을 취하더라도 통상적인 근로를 한 것처럼 임금이 지급되는 날을 말하는 것이다. 이러한 휴일 및 유급휴일 제도를 근로기준법에 규정한 목적에 비추어 보면, **근로의 제공 없이도 근로자에게 임금을 지급하도록 한 유급휴일의 특별규정이 적용되기 위하여는 평상적인 근로관계, 즉 근로자가 근로를 제공하여 왔고, 또한 계속적인 근로제공이 예정되어 있는 상태가 당연히 전제되어 있다고 볼 것이다.**

이러한 **유급휴일에 대한 법리는** 휴직 등과 동일하게 근로자의 근로제공의무 등의 주된 권리·의무가 정지되어 **근로자의 임금청구권이 발생하지 아니하는 쟁의행위인 파업에도 적용된다 할 것이므로,** 근로자는 **파업기간 중에 포함된 유급휴일에 대한 임금의 지급 역시 구할 수 없다.** 그리고 **이와 같은 법리는 파업과 마찬가지로 무노동 무임금 원칙이 적용되는 태업에도 그대로 적용된다고 할 것이고, 따라서 근로자는 태업기간에 상응하는 유급휴일에 대한 임금의 지급을 구할 수 없다.**

위와 같은 취지에서 태업기간 중 포함된 유급휴일에 대하여 조합원들의 개근 여부와 상관없이 그 해당 주간의 소정근로시간에 미달하는 태업시간만큼 사용자가 임금을 삭감할 수 있다는 취지로 판단하여야 한다.

A사의 기업별 노동조합인 B노조는 1994. 3. 28. 노동쟁의가 발생했음을 회사, 관할행정관청, 노동위원회에 신고하고, 같은 해 4. 15.부터 쟁의행위에 돌입하였다. A사의 대표이사 甲은 1994. 3. 30.경부터 1994. 4. 14.경 사이에 총 10명의 근로자를 채용하여 4. 15.경부터 같은 해 6월경까지 쟁의행위로 중단된 업무에 대해 근로를 시켰다. 이에 甲은 노조법 제36조 위반으로 공소제기되었다. 사안의 쟁점에 대해 설명하시오.

[대법원 2000. 11. 28. 선고 99도317 판결]

1. 대체근로금지 규정의 취지

노동조합법 제43조는 노동조합의 쟁의행위권을 보장하기 위한 규정으로서 쟁의행위권의 침해를 목적으로 하지 않는 사용자의 정당한 인사권 행사까지 제한하는 것은 아니므로, **사용자가 노동조합의 쟁의행위기간 중 당해 사업 내의 비노동조합원이나 쟁의행위에 참가하지 아니한 노동조합원 등 기존의 근로자를 제외한 자를 새로 채용 또는 대체할 수 없다는 것으로 풀이되는바,**

2. 대체근로금지 위반 여부

사용자가 노동조합이 쟁의행위에 들어가기 전에 근로자를 새로 채용하였다 하더라도 **쟁의행위기간 중 쟁의행위에 참가한 근로자들의 업무를 수행케 하기 '위하여' 그 채용이 이루어졌고 그 채용한 근로자들로 하여금 쟁의행위기간 중 쟁의행위에 참가한 근로자들의 업무를 수행케 하였다면 위 조항 위반죄를 구성하게 된다.** 따라서 새로이 창출된 업무의 필요에 따라 고용한 것이 아니고 쟁의행위에 가담한 기존의 근로자를 대체하기 위하여 고용하였다면 근로자를 채용한 시점이 쟁의행위발생신고 후 쟁의행위신고 이전이라 하더라도 쟁의기간 중 채용제한에 관한 규정을 위반한 것이다.

부당노동행위

091. 부당노동행위에 있어서 원청회사의 사용자성

중공업 회사인 A사의 사내 하청업체(이하 'C사') 소속 근로자인 甲은 2003. 8. 24. 창립총회를 거쳐 같은 달 30일 조합설립신고증을 교부받은 A사 사내하청 노동조합(이하 'B노조')의 간부이다. 2003. 8. 26. 甲이 B노조의 대표로 있음을 알게 된 A사는 C사 대표로 하여금 甲을 사업장에서 근무하지 못하도록 요청하여 근무대기를 하도록 하였다. A사는 C사 소속 근로자들의 작업의 내용, 시간, 일정을 관리하고 작업의 진행방법 등에 관해서도 실질적으로 지휘·감독을 하였고 사내 하청업체 근로자들은 A사가 계획한 작업질서에 편입되어 A사의 근로자들과 함께 업무에 종사하였다. B노조가 설립된 직후인 2003. 10. 8. C사는 갑작스런 폐업을 하였다. 甲이 소속된 하청업체는 폐업할 사정이 없었음에도 조합 설립 직후에 폐업을 결정하고 하청업체의 근로자와 하도급업무는 신설업체 내지 타 업체로 이전하였다. 이에 甲은 A사가 사업폐지를 유도하는 행위를 하였고, 그로 인해 B노조의 활동이 위축되는 등 부당노동행위를 했다고 주장하며 노동위원회에 구제신청을 하였다. 반면 A사는 자신이 부당노동행위 구제명령을 이행할 사용자의 지위에 있지 않다고 주장하였다.

[대법원 2010. 3. 25. 선고 2007두8881 판결]

1. 부당노동행위 구제제도의 취지

노동조합법 제1조 및 법 제81조 내지 제86조는 **헌법이 규정하는 근로3권을 구체적으로 확보하고 집단적 노사관계의 질서를 파괴하는 사용자의 행위를 예방·제거함으로써 근로자의 단결권·단체교섭권 및 단체행동권을 확보하여 노사관계의 질서를 신속하게 정상화하기 위하여** 부당노동행위에 대한 구제제도에 관하여 규정하고 있다.

2. 부당노동행위의 주체로서 사용자의 범위

이에 의하면 부당노동행위의 예방·제거는 노동위원회의 구제명령을 통해서 이루어지는 것이므로, **구제명령을 이행할 수 있는 법률적 또는 사실적인 권한이나 능력을 가지는 지위에 있는 한 그 한도 내에서는 부당노동행위의 주체로서 구제명령의 대상자인 사용자에 해당한다고 볼 수 있을 것이다.**

3. 지배·개입의 주체로서의 사용자성 판단시 고려요소

나아가 법 제81조 제4호는 '근로자가 노동조합을 조직 또는 운영하는 것을 지배하거나 이에 개입하는 행위' 등을 부당노동행위로 규정하고 있고, **이는 단결권을 침해하는 행위를 부당노동행위로서 배제·시정하여 정상적인 노사관계를 회복하는 것을 목적으로 하고 있으므로,** 그 지배·개입 주체로서의 사용자인지 여부도 **당해 구제신청의 내용, 그 사용자가 근로관계에 관여하고 있는 구체적 형태, 근로관계에 미치는 실질적인 영향력 내지 지배력의 유무 및 행사의 정도 등을 종합하여 결정하여야 할 것이다.**

4. 원청회사의 지배·개입 주체성 판단

따라서 **근로자의 기본적인 노동조건 등에 관하여 그 근로자를 고용한 사업주로서의 권한과 책임을 일정 부분 담당하고 있다고 볼 정도로 실질적이고 구체적으로 지배·결정할 수 있는 지위에 있는 자가,** 노동조합을 조직 또는 운영하는 것을 지배하거나 이에 개입하는 등으로 법 제81조 제4호 소정의 행위를 하였다면, 그 시정을 명하는 구제명령을 이행하여야 할 사용자에 해당한다.

운전사를 고용하여 택시업을 운영하는 A사는 소속 운전기사인 甲(조합원)이 노조사무실 내의 무선호출실에 들어가 마이크를 이용하여 운행중인 차량을 상대로 회사 상무와 기사들의 도박 중지를 촉구하는 내용의 방송을 하고, 회사가 자신을 징계하려는 사실을 알고 회사 사무실로 가서 상무 등 임원에게 폭언을 하였다. 또한 甲은 노조휴게실 흑판에 조합장의 무선호출기 설치사업 관련 자금지출내역의 공개를 요구하는 글을 쓰고 게시판에 회사에 대해서 대기기사들의 처우개선을 바라는 취지의 서면을 부착하였다.

무선호출기 설치사업 관련 의혹 외에도 조합장에 대한 다른 비리의혹이 확산되자 甲은 조합원들의 임시대표자격에서 조합원 2/3 이상의 연명으로 조합장에게 조합장 불신임 등을 주요 안건으로 한 임시총회 소집을 요구하고, 과반수 조합원의 연명으로 관할관청에 소집권자 지명을 신청하였다. 그로부터 한 달 후 A사는 甲을 해고하기로 결정하였다. 한편 해고 결정 이후 노동조합 임시총회에서 조합장불신임안이 통과되고 甲이 신임 조합장에 선출되었다. 이에 甲은 부당해고 및 부당노동행위라고 주장하면서 관할 지방노동위원회에 구제신청을 하였다. 사안의 쟁점에 대해 설명하시오.

[대법원 1999. 11. 9. 선고 99두4273 판결]

---

1. 실질적 사유의 판단

사용자가 근로자를 해고함에 있어서 **표면적으로 내세우는 해고사유와는 달리 실질적으로는 근로자의 정당한 노동조합 활동을 이유로 해고한 것으로 인정되는 경우에 있어서는 그 해고는 부당노동행위라고 보아야 한다.**

2. 부당노동행위의 의사 판단

근로자의 **노동조합 업무를 위한 정당한 행위를 실질적인 해고사유로 한 것인지의 여부는 사용자 측이 내세우는 해고사유와 근로자가 한 노동조합 업무를 위한 정당한 행위의 내용, 해고를 한 시기, 사용자와 노동조합과의 관계, 동종의 사례에 있어서 조합원과 비조합원에 대한 제재의 불균형 여부, 종래의 관행에 부합 여부, 사용자의 조합원에 대한 언동이나 태도, 기타 부당노동행위 의사의 존재를 추정할 수 있는 제반 사정 등을 비교 검토하여 판단하여야 한다.**

회사가 해고사유로 내세우는 원고의 비위행위는 사실과 다르거나 해고를 정당화할 만한 사유가 되지 못하는 점, 원고는 조합장에 대한 비리의혹이 확산되자 조합의 정상화를 바라는 조합원들의 임시대표 자격에서 2/3 이상 조합원의 연명으로 조합장에게 조합장 불신임 등을 주요 안건으로 한 임시총회 소집을 요구하고 같은 해 11. 7. 과반수 조합원의 연명으로 수원지방노동사무소장에게 임시총회 소집권자 지명을 요구하는 등 조합활동에 주도적으로 참여한 결과 이 사건 해고처분 당시 원고가 차기 조합장에 당선될 가능성이 누구보다 높았고, 실제로 같은 해 개최된 임시총회에서 조합장 불신임안이 통과되고 원고가 새 조합장에 선출된 점 등에 비추어볼 때 원고에 대한 징계양정이 회사에 우호적인 조합원에 대한 징계양정과 비교하여 현격한 불균형이 있는 점 등에 비추어, **회사가 원고를 해고한 것은 실제에 있어 원고의 위와 같은 정당한 조합활동을 혐오하고 이를 저지할 의도에서 행한 것으로 추인된다 할 것이어서 부당노동행위에 해당한다.**

093. 인사고과를 기준으로 한 정리해고의 부당노동행위 해당 여부

A사는 근로자 230여 명을 고용하여 스포츠신문발행업을 영위하는 회사이고, B노조(전국언론노동조합)는 조합원수 16,000여 명으로 조직된 산업별노동조합이다. A사는 B노조의 A사 해당지부 조합원들인 근로자 13명에 대하여 경영악화를 이유로 2004.12.1. 정리해고를 하였다. A사는 정리해고 대상자를 선정함에 있어서 단 한 명의 일반사원도 포함되지 않은 친사용자적 성향을 가진 근로자위원 등으로만 구성된 노사협의회에서 직접 업무지휘를 하지 않은 소속 국장이나 경영지원국장이 행한 자의적인 인사고과 등과 평소 노동조합을 적극적으로 행하였던 조합원들에 대한 불리한 징계 배점 등을 정리해고의 기준으로 삼아 해고대상자를 선정하였다. 이에 해고된 조합원들은 이 사건 해고가 부당해고 및 부당노동행위에 해당한다고 주장하며 관할 노동위원회에 그 구제를 신청하였다. 사안의 쟁점에 대해 설명하시오.

[대법원 2009. 3. 26. 선고 2007두25695 판결]

---

1. 부당노동행위의 성립요건

노동조합법 제81조 제1호는 '근로자가 노동조합에 가입 또는 가입하려고 하였거나 노동조합을 조직하려고 하였거나 기타 노동조합의 업무를 위한 정당한 행위를 한 것을 이유로 그 근로자를 해고하거나 그 근로자에게 불이익을 주는 행위'를 사용자의 부당노동행위의 한 유형으로 규정하고 있으므로 같은 법조의 **부당노동행위가 성립하기 위해서는 근로자가 '노동조합의 업무를 위한 정당한 행위'를 하고 사용자가 이를 이유로 근로자에 대하여 해고 등의 불이익을 주는 차별적 취급행위를 한 경우라야 하며**

부당노동행위 해당 여부에 대한 사실의 주장 및 증명책임은 부당노동행위임을 주장하는 측에 있다.

2. 인사고과를 이유로 한 부당노동행위

이와 관련하여, 사용자가 어느 근로자에 대하여 노동조합의 조합원이라는 이유로 비조합원보다 불리하게 인사고과를 하고 그 인사고과가 경영상 이유에 의한 해고 대상자 선정기준이 됨에 따라 그 조합원인 근로자가 해고되기에 이르렀다고 하여 그러한 사용자의 행위를 부당노동행위라고 주장하는 경우, **그것이 부당노동행위에 해당하는지 여부는, 조합원 집단과 비조합원 집단을 전체적으로 비교하여 양 집단이 서로 동질의 균등한 근로자 집단임에도 불구하고, 인사고과에 있어서 양 집단 사이에 통계적으로 유의미한 격차가 있었는지, 인사고과에 있어서의 그러한 격차가 노동조합의 조합원임을 이유로 하여 비조합원에 비하여 불이익취급을 하려는 사용자의 반조**

합적 의사에 기인하는 것, 즉 사용자의 부당노동행위 의사의 존재를 추정할 수 있는 객관적인 사정이 있었는지, 인사고과에 있어서의 그러한 차별이 없었더라면 해고 대상자 선정기준에 의할 때 해고대상자로 선정되지 않았을 것인지 등을 심리하여 판단하여야 한다.

원심은, 회사로부터 경영상 이유로 해고된 근로자들은 모두 노동조합의 지부 소속 조합원들이기는 하나, 회사가 해고 대상자 선정기준으로 사용한 인사고과자료인 근로자들의 개인별 종합평가표, 개인별 최종합계표 등 평정결과가 기재된 **모든 문서가 제출되지 않은 상태에서, 회사가 조합원들에 대하여 비조합원들에 비하여 불리하게 차별적으로 평정하여 인사고과를 한 것으로 단정할 수 없고,** 달리 노조의 주장사실을 인정할 증거가 없다는 취지에서 회사의 조합원들에 대한 이 사건 해고가 위 제81조 제1호에 정한 부당노동행위에 해당한다는 노조의 주장을 받아들일 수 없다.

094. 단체교섭 거부의 부당노동행위 해당 여부

A협회와 협회노동조합인 B노조간의 교섭결렬에 따른 파업과 직장폐쇄의 상태에서 B노조로부터 교섭권을 위임받은 연맹의 1차 교섭요구(2004.3.12.)와 2차 교섭요구(2004.6.2.)에 대해 A협회 협회장 甲은 쟁의기간중임을 이유로 불응하였다. 이에 B노조 위원장이 甲에 대해 교섭을 촉구하는 서면을 보낸 다음 날 연맹의 3차 교섭요구(2004.6.14.)에 대해 협회장은 상대방 교섭주체의 불명확을 이유로 불응하였다. 연맹은 계속하여 4차 교섭요구(2004.6.19.)를 하였는데 甲은 교섭준비가 필요하다는 이유로 불응하였고 甲은 노조법 위반으로 공소제기 되었다. 사안의 쟁점에 대해 설명하시오.

[대법원 2006. 2. 24. 선고 2005도8606 판결]

1. 정당한 이유의 판단

노동조합법 제81조 제3호는 사용자가 노동조합의 대표자 또는 노동조합으로부터 위임을 받은 자와의 단체협약 체결 기타의 단체교섭을 정당한 이유 없이 거부하거나 해태할 수 없다고 규정하고 있는바, **단체교섭에 대한 사용자의 거부나 해태에 정당한 이유가 있는지 여부는 노동조합측의 교섭권자, 노동조합측이 요구하는 교섭시간, 교섭장소, 교섭사항 및 그의 교섭태도 등을 종합하여 사회통념상 사용자에게 단체교섭의무의 이행을 기대하는 것이 어렵다고 인정되는지 여부에 따라 판단하여야 한다.**

2. 쟁의행위 중의 교섭거부

쟁의행위는 단체교섭을 촉진하기 위한 수단으로서의 성질을 가지므로 **쟁의기간 중이라는 사정이 사용자가 단체교섭을 거부할 만한 정당한 이유가 될 수 없다.**

3. 교섭교착상태 하의 교섭거부

한편 당사자가 **성의 있는 교섭을 계속하였음에도 단체교섭이 교착상태에 빠져 교섭의 진전이 더 이상 기대될 수 없는 상황이라면 사용자가 단체교섭을 거부하더라도 그 거부에 정당한 이유가 있다고 할 것이지만,**

위와 같은 경우에도 **노동조합측으로부터 새로운 타협안이 제시되는 등 교섭재개가 의미 있을 것으로 기대할 만한 사정변경이 생긴 경우에는 사용자로서는 다시 단체교섭에 응하여야 하므로, 위와 같은 사정변경에도 불구하고 사용자가 단체교섭을 거부하는 경우에는 그 거부에 정당한 이유가 있다고 할 수 없다.**

위 사안에서 사용자가 노동조합측이 정한 단체교섭 일시의 변경을 구할 만한 합리적 이유가 있었다고 보이지 아니하고, 위 교섭일시 전에 노동조합측에 교섭일시의 변경을 구하는 등 교섭일시에 관한 어떠한 의사도 표명한 적이 없었던 경우, 사용자가 노동조합측이 정한 일시에 단체교섭에 응하지 아니한 것에 정당한 이유가 없다.

095. 유니온숍 협정 하 탈퇴조합원에 대한 사용자의 해고거부

A사와 종업원으로 구성된 B노동조합이 체결한 단체협약에는 다음과 같은 규정이 체결되어 있다.

> 제5조(노조원의 범위) 주임급(55호봉) 이하 전 직원을 노조원으로 하는 유니언 숍으로 한다.
> 제6조(노조원의 가입) 제5조에 해당되는 직원은 입사와 동시에 자동적으로 노조원이 된다
> 제7조(제명 탈퇴자의 확인) 회사는 노조원의 제명·탈퇴 여부를 일방적으로 해석할 수 없으며 노조의 확인에 따라야 한다.

교섭결렬에 따른 파업이 장기화되자 B노조 집행부에 불만을 품은 파업불참 조합원 4명이 파업기간 중에 B노조를 탈퇴했고 B노조는 A사에 탈퇴자들에 대한 해고를 요구하였다. 파업종료 직후 A사는 공인노무사의 자문을 받아 탈퇴자에 대한 해고의무 및 의사가 없다는 내용의 문서를 B노조에게 발송했고, 탈퇴자들을 해고하지 않았다. 이에 B노조는 유니온숍 협정이 체결되어 있음에도 불구하고 탈퇴조합원을 해고하지 않은 A사의 행위는 지배·개입의 부당노동행위에 해당한다고 주장하고 있다. 사안의 쟁점에 대해 설명하시오.

[대법원 1998. 3. 24. 선고 96누16070 판결]

---

1. 유니온숍 협정과 사용자의 해고의무

노동조합법 제81조 제2호 단서에 의하면 '노동조합이 당해 사업장에 종사하는 근로자의 3분의 2 이상을 대표하고 있을 때에는 근로자가 그 노동조합의 조합원이 될 것을 고용조건으로 하는 단체협약의 체결'이 허용되고 있고, 이러한 단체협약의 조항, 이른바 **유니언 숍(Union Shop) 협정은 노동조합의 단결력을 강화하기 위한 강제의 한 수단으로서 근로자가 대표성을 갖춘 노동조합의 조합원이 될 것을 '고용조건'으로 하고 있는 것이므로 단체협약에 유니언 숍 협정에 따라 근로자는 노동조합의 조합원이어야만 된다는 규정이 있는 경우에는 다른 명문의 규정이 없더라도 사용자는 노동조합에서 탈퇴한 근로자를 해고할 의무가 있다.**

2. 해고의무의 성격과 지배개입 성립 여부

그러나 단체협약상의 **유니언 숍 협정에 의하여 사용자가 노동조합을 탈퇴한 근로자를 해고할 의무는 단체협약상의 채무일 뿐이고, 이러한 채무의 불이행 자체가 바로 같은 법 제81조 제4호 소정 노동조합에 대한 지배·개입의 부당노동행위에 해당한다고 단정할 수는 없다.**

부당노동행위가 성립하려면 **사용자에게 근로자가 노동조합을 조직 또는 운영하는 것을 지배하거나 개입할 의사가 있어야 한다.**

　한국철도공사(이하 A공사)가 2009. 11. 24. 이 사건 노동조합(이하 B노조)과의 단체협약을 해지하자 B노조는 같은 해 11. 26.부터 같은 해 12. 2.까지 파업을 진행하다가 같은 해 12. 3. 업무에 복귀하였다. B노조는 이후 계속하여 A공사와 단체교섭을 진행하였음에도 교섭이 이루어지지 않자, 2010. 5. 12.까지 교섭이 결렬될 경우 재차 파업을 하겠다고 A공사에 예고하였다. 이에 A공사의 지사본부장이자 단체교섭의 사용자 측 교섭위원 중 한 명인 甲은 2010. 5. 8.부터 같은 달 11일까지 A공사 산하 차량사업소 및 정비단 등 현장을 순회하면서 직원설명회를 개최하기로 하여 파업 예정일 이전 며칠 동안 집중적으로 전국을 이동하며 직원설명회를 개최하였다. 甲이 2010. 5. 11. A공사 산하 서울차량사업소에서 약 300여 명에 이르는 직원을 상대로 위와 같은 설명회를 개최하려고 위 사업소에 도착하자, 조합원 30여 명은 건물 1층 현관 앞을 막아서서 '내일이 파업인데 본사에 가서 협상하는데 가 있어야지 여기 있을 때가 아니다'고 하거나 '파업을 하루 앞두고 성실교섭이나 하지 뭐 하러 왔어. 현장에 설명회를 할 시간이 있으면 다시 돌아가 교섭에 충실히 임해 파업을 막도록 하라'고 하면서 멱살을 잡는 등으로 건물 안으로 들어가지 못하게 가로막았다. 위와 같은 출입방해 등으로 인하여 甲은 결국 그날 서울차량사업소 2층 회의실에서 과장 등 중간관리자와 차량팀원 일부 등 몇십명만 참석한 가운데 약 10분간 설명회를 진행하면서 A공사의 현황에 비추어 파업에 무리가 있다는 취지의 발언을 하고 나아가 국민들의 파업에 대한 시각과 국가가 처한 현실 등과 함께 현재로서는 철도가 파업이 된다면 한국철도공사 전체의 위기가 올 수 있다고 언급하였다. 이에 B노조는 甲의 발언은 지배·개입의 부당노동행위라 주장한다. 사안의 쟁점에 대해 설명하시오.

[대법원 2013. 1. 10. 선고 2011도15497 판결]

1. 일반원칙

　사용자가 연설, 사내방송, 게시문, 서한 등을 통하여 의견을 표명하는 경우 표명된 의견의 내용과 함께 그것이 행하여진 상황, 시점, 장소, 방법 및 그것이 노동조합의 운영이나 활동에 미치거나 미칠 수 있는 영향 등을 종합하여 노동조합의 조직이나 운영 및 활동을 지배하거나 이에 개입하는 의사가 인정된다면

　지배·개입의 부당노동행위가 성립하고, 또 그 지배·개입으로서 부당노동행위의 성립에 반드시 근로자의 단결권 침해라는 결과 발생까지 요하는 것은 아니다.

2. 파업의 적법성 설명 행위

그러나 사용자 또한 자신의 의견을 표명할 수 있는 자유를 가지고 있으므로, 사용자가 노동조합의 활동에 대하여 단순히 비판적 견해를 표명하거나 근로자를 상대로 집단적인 설명회 등을 개최하여 회사의 경영상황 및 정책방향 등 입장을 설명하고 이해를 구하는 행위 또는 **비록 파업이 예정된 상황이라 하더라도 파업의 정당성과 적법성 여부 및 파업이 회사나 근로자에 미치는 영향 등을 설명하는 행위**는 거기에 **징계 등 불이익의 위협 또는 이익제공의 약속 등이 포함되어 있거나 다른 지배·개입의 정황 등 노동조합의 자주성을 해칠 수 있는 요소가 연관되어 있지 않는 한, 사용자에게 노동조합의 조직이나 운영 및 활동을 지배하거나 이에 개입하는 의사가 있다고 가볍게 단정할 것은 아니다.**

저자약력 공인노무사 김에스더

- 성균관대학교 졸업
- 성균관대학교 대학원 졸업(노동법 전공)
- 성균관대학교 대학원 법학과 박사과정
- 제25기 공인노무사
- 현) 해결 노동법률사무소 대표
- 현) 노무사단기 공인노무사 노동법 전임
- 현) 공무원단기 노동법 전임
- 삼성그룹 노사입문과정 노동법 강의
- 고용노동부 사울강남지청 국선노무사

YES THE 노동법 판례 - CASE NOTE -

전면개정판인쇄   2023년 09월 06일
전면개정6판발행   2023년 09월 15일

편   저   공인노무사 김에스더
발 행 인   정상훈
디 자 인   신아름
발 행 처   고시계사

서울특별시 관악구 봉천로 472
코업레지던스 B1층 102호

대 표 817-2400   팩 스 817-8998
考試界·고시계사·미디어북 817-0419
www.gosi-law.com
E-mail : goshigye@chollian.net

정가 15,000원   ISBN 978-89-5822-631-4   13360

법치주의의 길잡이 70년 月刊 考試界